La Ciencia de la Nutrición Deportiva:
Alimentando tu Cuerpo para el Éxito

ARTS DESIGN+

ÍNDICE

I. Introducción

La nutrición es un aspecto fundamental para el rendimiento deportivo y el logro de objetivos físicos. En "La Ciencia de la Nutrición Deportiva: Alimentando tu Cuerpo para el Éxito", se exploran los últimos avances en el campo de la nutrición deportiva, presentando información clara y concisa sobre cómo alimentar de manera adecuada el cuerpo para mejorar la salud, la composición corporal y el desempeño deportivo.

A través de las páginas de este libro, los lectores aprenderán a optimizar su ingesta de nutrientes para maximizar su recuperación después del ejercicio, mejorar su resistencia y fuerza muscular, prevenir lesiones y optimizar su composición corporal. Además, el libro explora los suplementos alimenticios que pueden ser beneficiosos para los atletas, así como los peligros potenciales de ciertos suplementos.

De la misma manera, se presentan estrategias específicas para diferentes deportes y niveles de actividad física, proporcionando información sobre cómo ajustar la ingesta de nutrientes según tus necesidades individuales. Con la ayuda de este libro, los atletas y personas activas pueden obtener una ventaja en su entrenamiento y lograr el éxito en sus objetivos físicos.

"La Ciencia de la Nutrición Deportiva" no sólo es relevante para los atletas de élite, sino también para cualquier persona interesada en mejorar su salud y bienestar a través de la nutrición. El libro es fácil de leer y entender, y está diseñado para ser accesible tanto para los profesionales como para los aficionados.

Además, el libro también se enfoca en la importancia de la planificación de comidas y estrategias para evitar la fatiga y mantener altos niveles de energía durante los entrenamientos y competencias.

Otro aspecto importante que se aborda en el libro es el papel de la nutrición deportiva en la recuperación muscular después del ejercicio. Se explica cómo la ingesta de nutrientes adecuada puede ayudar a reducir el dolor muscular y mejorar la recuperación, lo que puede ser clave para el rendimiento y la prevención de lesiones a largo plazo.

En general, "La Ciencia de la Nutrición Deportiva: Alimentando tu Cuerpo para el Éxito" es un libro completo y práctico que ofrece información valiosa y útil para cualquier persona interesada en mejorar su nutrición para el deporte y la actividad física. Se tienen en cuenta diferentes deportes y niveles de actividad, lo que lo convierte en una guía práctica y relevante para cualquier persona que busque mejorar su salud y bienestar a través de la nutrición deportiva.

II. Nutrientes clave para deportistas.

El cuerpo humano es un organismo complejo que al igual que un instrumento musical éste puede ser afinado y perfeccionado, en este caso concreto podemos hacer que el cuerpo destaque elementos que de por si se encuentran latentes en nosotros, sin embargo, sin el mantenimiento adecuado de los músculos, la salud y la dieta estas características se mantendrán ocultas para nosotros.

Para ello tomaremos en cuenta que la alimentación como la base para el alcance del éxito en cualquier disciplina deportiva. El consumo de los nutrientes adecuados antes, durante y después del ejercicio puede mejorar significativamente el rendimiento deportivo, sumado con disciplina y paciencia otorgaran a tu cuerpo una salud de hierro y buen físico.

Por supuesto esta base que poco a poco vamos construyendo para el alcance de una meta concreta en la alimentación   y fortalecimiento del cuerpo debe ser planificada, equilibrada y meticulosa, debe estar dedicada a proporcionar la cantidad adecuada de nutrientes para satisfacer cualquier cantidad de necesidades energéticas, proteínas, vitaminas y minerales. Los deportistas necesitan una ingesta calórica adecuada para mantener su peso corporal y proporcionar la energía necesaria para el ejercicio. Además, la elección de los alimentos y la distribución concreta de macronutrientes.

Los macronutrientes son un grupo de nutrientes, responsables de aportar la mayor parte de energía al organismo, y compuestos principalmente de carbohidratos, proteínas y grasas. Son aquellos que se ingieren en grandes cantidades (En cada comida y merienda es fundamental para el rendimiento deportivo), a diferencia de los micronutrientes, que se consumen en pequeñas dosis.

I.   Beneficios de una buena alimentación.

Una buena alimentación es fundamental para el rendimiento deportivo. Una dieta adecuada puede proporcionar la energía necesaria para el ejercicio, mejorar la recuperación muscular y reducir el riesgo de lesiones. A continuación, se presentan algunos de los beneficios más importantes de una buena alimentación para el rendimiento deportivo:

Mejora el rendimiento: Una dieta adecuada puede mejorar el rendimiento deportivo al proporcionar la energía necesaria para el ejercicio. Los carbohidratos son la principal fuente de energía para el cuerpo durante el ejercicio, una ingesta adecuada de estos mismos antes del ejercicio puede mejorar el rendimiento y retrasar la fatiga muscular. Por supuesto también el consumo de proteínas antes y después del ejercicio puede ayudar en la recuperación muscular y mejorar el rendimiento a largo plazo.

Acelerar la recuperación: Nuevamente reiterando lo dicho en el anterior punto, para ayudar a acelerar el rápido restablecimiento de la masa muscular después del ejercicio, una alimentación sana y balanceada es requerida. Para ello las proteínas son esenciales principalmente como elementos que promueven la reparación y el crecimiento de la fibra muscular después del ejercicio. El consumo de las mismas puede ayudar a reducir el dolor corporal y acelerar la recuperación. Además, los carbohidratos pueden ayudar a reponer los niveles de glucógeno en los músculos, lo que también puede acelerar la recuperación.

Reduce el riesgo de lesiones: Una dieta sana no solo puede ayudar a reducir el riesgo de lesiones deportivas sino también proporciona una mejora sustancial al sistema inmunológico haciéndolo más fuerte y con una mayor capacidad para reparar el tejido muscular, además,también proporciona una mayor densidad ósea y una menor incidencia de fracturas y lesiones.

Ayuda a mantener un peso corporal saludable: Una buena alimentación puede ayudar a mantener un peso corporal saludable, lo que puede mejorar el rendimiento deportivo. Los deportistas que mantienen un peso corporal saludable tienen una mayor capacidad aeróbica y una menor probabilidad de lesiones relacionadas con el peso. Además, un peso corporal saludable puede mejorar la salud en general y reducir el riesgo de enfermedades crónicas, como la diabetes y la enfermedad cardiovascular.

II. Carbohidratos.

Son uno de los tres macronutrientes esenciales, junto con las proteínas y las grasas, que proporcionan energía al cuerpo. Sin embargo, durante el ejercicio, los carbohidratos se convierten en la principal fuente de energía para el cuerpo.

Se almacenan en el cuerpo en forma de glucógeno en los músculos y en el hígado. Durante el ejercicio, los músculos utilizan el glucógeno muscular como fuente de energía para realizar contracciones musculares. El hígado también puede liberar glucógeno en la sangre para proporcionar energía a otros órganos y tejidos del cuerpo, incluido el cerebro.

La cantidad de glucógeno almacenado en el cuerpo es limitada, y durante el ejercicio prolongado, los niveles de glucógeno pueden disminuir significativamente. Si los niveles de glucógeno disminuyen demasiado, el cuerpo puede comenzar a utilizar proteínas y grasas como fuente de energía, lo que puede provocar fatiga muscular y disminución del rendimiento deportivo.

Son esenciales para el rendimiento deportivo, ya que proporcionan la energía necesaria para realizar el ejercicio y mantener la intensidad del mismo. Cuando se realiza actividad física, el cuerpo requiere una gran cantidad de energía para mantener la contracción muscular y seguir moviéndose.

Representan una fuente de energía rápida y eficiente, lo que significa que se convierten rápidamente en glucosa, la cual se utiliza como combustible para el cuerpo. Por otro lado, las grasas y las proteínas tardan más en convertirse en energía y no son tan eficientes para el ejercicio de alta intensidad.

Por esta razón, es importante que los deportistas consuman una dieta adecuada en carbohidratos para mantener los niveles de glucógeno muscular y mejorar el rendimiento deportivo. La cantidad de carbohidratos que se necesita depende del tipo de deporte, la intensidad del ejercicio y la duración del mismo. En general, se recomienda que los deportistas consuman al menos un 55% de sus calorías diarias en forma de carbohidratos.

Se recomienda que los deportistas consuman una comida rica en carbohidratos 2-3 horas antes del ejercicio para asegurar que los niveles de glucógeno muscular estén completamente cargados.

Después del ejercicio, también son importantes para reponer los niveles de glucógeno muscular y acelerar la recuperación muscular. Se recomienda que los deportistas consuman una comida rica en carbohidratos dentro de las 2 horas posteriores al ejercicio.

La cantidad de carbohidratos que se debe consumir depende del tipo de deporte, la intensidad del ejercicio y la duración del mismo. Los deportes de resistencia, como el ciclismo o la carrera de larga distancia, requieren una mayor ingesta de carbohidratos para mantener los niveles de energía durante un período prolongado de tiempo. Por otro lado, los deportes de alta intensidad y corta duración, como el levantamiento de pesas o el sprint, requieren una ingesta más moderada.

Es importante señalar que no todos los carbohidratos son iguales. Los hay simples, como los que se encuentran en los dulces y los refrescos, se convierten rápidamente en glucosa, pero no proporcionan suficiente energía para el ejercicio de larga duración. Por otro lado, los carbohidratos complejos, como los que se encuentran en los granos enteros, las frutas y las verduras, se descomponen lentamente en el cuerpo y proporcionan energía sostenible durante un período de tiempo más prolongado.

La carga de carbohidratos es una técnica utilizada por los deportistas para aumentar los niveles de glucógeno muscular antes de un evento deportivo importante. Esta técnica implica aumentar la ingesta de carbohidratos durante varios días antes del evento para maximizar los niveles de glucógeno muscular.

III.   Proteínas.

Las proteínas son un nutriente esencial para el cuerpo humano, ya que son fundamentales para la reparación y crecimiento muscular, así como para el mantenimiento de la masa corporal magra. Además, tienen un papel importante en la producción de hormonas y enzimas, y son necesarias para el sistema inmunológico y la síntesis de ADN.

En el contexto del deporte, las proteínas juegan un papel fundamental en el desarrollo muscular y la recuperación después del ejercicio. Cuando se realiza actividad física, los músculos sufren microlesiones, las cuales necesitan ser reparadas para que el músculo crezca más fuerte y resistente. Para esto, se requiere un aporte adecuado de proteínas.

Es importante señalar que no son una fuente de energía preferida para el cuerpo durante el ejercicio, ya que se convierten en energía de manera menos eficiente que los carbohidratos. Sin embargo, son necesarias para la reparación y crecimiento muscular después del ejercicio.

La cantidad de proteínas que se necesita depende del tipo de deporte, la intensidad del ejercicio y el objetivo del deportista. Los deportistas de fuerza y musculación requieren una mayor ingesta para estimular el crecimiento muscular, mientras que los deportistas de resistencia necesitan una ingesta adecuada para reparar los músculos después del ejercicio y prevenir la pérdida de masa muscular.

Además, la calidad de las mismas es importante. Las proteínas de alta calidad contienen todos los aminoácidos esenciales que el cuerpo no puede producir por sí mismo y deben ser obtenidos a través de la dieta. Las fuentes de proteínas de alta calidad incluyen carnes magras, pescado, huevos, productos lácteos y legumbres.

Es importante mencionar que el consumo excesivo de alimentos altos en proteínas no es beneficioso para el rendimiento deportivo. El exceso no se almacena en el cuerpo como proteína muscular, sino que se convierte en grasa y puede poner un estrés innecesario en los órganos del cuerpo. Además, el alto consumo puede aumentar el riesgo de lesiones y enfermedades, ya que puede generar un desequilibrio nutricional.

Adicionalmente de la función en la reparación y crecimiento muscular, las proteínas también son importantes para el mantenimiento de la masa corporal magra. Cuando el cuerpo no recibe suficientes proteínas a través de la dieta, puede comenzar a descomponer los músculos para obtener los aminoácidos necesarios para otras funciones del cuerpo. Esto puede resultar en la pérdida de masa muscular y una disminución en el rendimiento deportivo.

Otro beneficio es su efecto saciante. Las proteínas son más lentamente digeridas que los carbohidratos y las grasas, lo que significa que pueden ayudar a controlar el apetito y reducir la ingesta calórica total. Esto puede ser beneficioso para los deportistas que buscan mantener un peso saludable o reducir el porcentaje de grasa corporal.

Igualmente, representan un elemento importante para el sistema inmunológico y la síntesis de ADN. Durante el ejercicio intenso, el sistema inmunológico puede verse comprometido, lo que puede aumentar el riesgo de infecciones. Consumir suficientes proteínas puede ayudar a fortalecer el sistema inmunológico y reducir el riesgo de enfermedades.

En cuanto a la síntesis de ADN, las proteínas son necesarias para la producción de nuevas células en el cuerpo. Esto puede ser especialmente importante para los deportistas que experimentan una alta tasa de renovación celular debido al estrés del ejercicio.

Es importante destacar que las proteínas no deben ser la única fuente de nutrientes para los deportistas.

IV.   Grasas saludables

Este conjunto de grasas son un nutriente esencial para los deportistas y desempeñan una variedad de funciones importantes en el cuerpo. Aunque se les ha dado una mala reputación en el pasado, las mismas son necesarias para una dieta equilibrada y pueden ser una fuente adicional de energía durante el ejercicio. Son necesarias para la absorción de vitaminas liposolubles (son aquellas que se pueden disolver en las grasas, como las vitaminas A, D, E y K) y desempeñan un papel importante en la salud cardiovascular.

En primer lugar, es importante destacar que no todas las grasas son iguales. Las grasas saturadas y trans, que se encuentran en alimentos como la carne roja, los productos lácteos enteros y los alimentos procesados, han sido relacionadas con un mayor riesgo de enfermedades cardíacas y otros problemas de salud. Por otro lado, las grasas monoinsaturadas y poliinsaturadas, que se encuentran en alimentos como el aceite de oliva, los frutos secos y los pescados grasos, son consideradas grasas saludables y pueden ser beneficiosas para la salud.

En cuanto al rendimiento deportivo, las grasas saludables pueden proporcionar una fuente adicional de energía durante el ejercicio de resistencia. Cuando los niveles de glucógeno en los músculos comienzan a disminuir, el cuerpo puede comenzar a usar las grasas como combustible para mantener el rendimiento. Sin embargo, es importante tener en cuenta que las grasas se metabolizan más lentamente que los carbohidratos, lo que significa que pueden no ser la mejor opción para el ejercicio de alta intensidad y corta duración.

De la misma manera su papel en la energía, las grasas saludables también son necesarias para la absorción de vitaminas liposolubles. Este conjunto de nutrientes, incluyen las vitaminas A, D, E y K, solo se pueden disolver en grasas y aceites. Sin suficientes grasas en la dieta, el cuerpo puede tener dificultades para absorber y utilizarlas, lo que puede resultar en deficiencias y otros problemas de salud.

Por último, las grasas saludables también son importantes para la salud cardiovascular. Aunque las grasas saturadas y trans se han relacionado con un mayor riesgo de enfermedades cardíacas, las grasas monoinsaturadas y poliinsaturadas pueden ayudar a reducir el colesterol LDL (generalmente se conoce como "colesterol malo"; se debe a que el colesterol contenido en las partículas LDL puede, con el tiempo, acumularse en las paredes de las arterias.) y mejorar los niveles de colesterol HDL (por otro lado, cumple una función opuesta al LDL. El HDL actúa como un "carroñero" del colesterol, tomando el exceso de colesterol que circula en la sangre). También se ha demostrado que las grasas omega-3, que se encuentran en los pescados grasos y las semillas de chía, tienen propiedades antiinflamatorias y pueden reducir el riesgo de enfermedades cardíacas y otros problemas de salud.

También es importante tener en cuenta que las grasas son más densas en calorías que los carbohidratos y las proteínas, por lo que es importante controlar las porciones y no consumir demasiada.

Otros de los beneficios mencionados anteriormente, las grasas saludables también juegan un papel importante en la función cerebral y la salud mental. De hecho, alrededor del 60% del cerebro está compuesto por grasas y necesita una ingesta adecuada de grasas saludables para funcionar correctamente. Las grasas monoinsaturadas y poliinsaturadas, en particular, han sido relacionadas con un menor riesgo de enfermedad de Alzheimer y otras enfermedades neurodegenerativas.

En general, se recomienda que las grasas saludables representen entre el 20% y el 35% de las calorías totales de la dieta.

Al elegir fuentes de grasas saludables, es importante elegir opciones que sean bajas en grasas saturadas y trans. Algunas buenas opciones incluyen aceite de oliva, aguacate, frutos secos y semillas, pescado graso como el salmón y el atún. También es importante evitar los alimentos procesados y las grasas hidrogenadas, que a menudo se encuentran en alimentos fritos y horneados, así como en algunos alimentos envasados como margarina y productos de panadería.

V.   Vitaminas.

Las vitaminas y minerales son nutrientes esenciales que el cuerpo necesita para funcionar correctamente. Estas sustancias son importantes para una variedad de procesos fisiológicos, incluido el metabolismo energético, la salud ósea, la inmunidad y la regulación de la función celular. A continuación, se detallan los principales nutrientes y sus funciones en el cuerpo.

La vitamina A: es liposoluble, esencial para el mantenimiento de la salud y el funcionamiento óptimo del cuerpo humano. Aunque a menudo se asocia con la salud ocular, también desempeña un papel fundamental en la función inmunológica, la salud de la piel y la regeneración celular, lo que la hace particularmente importante para los deportistas que necesitan una recuperación rápida después del ejercicio intenso.

En términos de nutrición deportiva, la vitamina A es especialmente importante para los atletas que realizan deportes de resistencia, ya que se ha demostrado que ayuda a prevenir la fatiga muscular y la disminución del rendimiento. Esto se debe en parte a su capacidad para mantener una adecuada hidratación celular, lo que puede mejorar la capacidad del músculo para trabajar durante períodos prolongados.

También desempeña un papel importante en la salud y la densidad mineral ósea, lo que es esencial para aquellos atletas que realizan deportes de alto impacto. La deficiencia de vitamina A se ha asociado con una mayor probabilidad de fracturas óseas y una mayor tasa de pérdida de masa ósea en la vejez.

También es esencial para el mantenimiento de una piel sana y una adecuada función inmunológica. Los atletas que entrenan intensamente y participan en eventos de alta intensidad son más susceptibles a lesiones cutáneas y enfermedades infecciosas, por lo que dicha vitamina es especialmente importante para ayudar a mantener una piel sana y una adecuada función inmunológica.

Algunas de las mejores fuentes de vitamina A incluyen alimentos de origen animal, como el hígado, la leche y los huevos, así como frutas y verduras de color naranja o amarillo, como la zanahoria, el mango, la calabaza y el melón. También se encuentra en algunas verduras de hojas verdes como la espinaca y el brócoli.

Es importante destacar que el consumo excesivo de esta puede ser tóxico y llevar a efectos secundarios negativos, como náuseas, mareos y problemas de visión.

La vitamina C: al contrario que con la A la C es hidrosoluble (aquellas que se disuelven en agua) por lo que desempeña un papel importante en la función inmunológica, la síntesis de colágeno y la absorción de hierro en el cuerpo. También tiene propiedades antioxidantes que pueden ayudar a proteger las células del daño oxidativo causado por los radicales libres.

Para los deportistas, la vitamina C es especialmente importante debido a sus efectos sobre la función inmunológica. Durante los períodos de entrenamiento intenso, el sistema inmunológico puede verse comprometido, lo que aumenta el riesgo de infecciones y enfermedades. Como dato adicional puede ayudar a fortalecer el sistema inmunológico y reducir el riesgo de enfermedades relacionadas con el ejercicio.

Por supuesto, su efecto no solo se limita a proporcionar apoyo a los glóbulos blancos, sino que también promueve la síntesis de colágeno es esencial para la reparación y el crecimiento muscular. También puede ayudar a reducir la inflamación muscular y mejorar la absorción de hierro, lo que es esencial para el transporte de oxígeno a los músculos durante el ejercicio.

Algunas de las mejores fuentes de vitamina C incluyen frutas y verduras frescas, como naranjas, kiwis, fresas, brócoli y pimientos rojos. Los suplementos de vitamina C también están disponibles en forma de comprimidos o polvos, aunque es importante tener en cuenta que el exceso de esta puede ser eliminado del cuerpo a través de la orina.

La vitamina D: Es lo que llamamos liposoluble que se produce en la piel en respuesta a la exposición al sol. También se encuentra en alimentos como el pescado graso, el hígado y la yema de huevo. Esta juega un papel importante en la absorción de calcio y fósforo en el cuerpo, lo que es esencial para la salud ósea y muscular.

Para los deportistas, la vitamina D es especialmente importante debido a su papel en la salud ósea y muscular. Durante el ejercicio, los músculos utilizan calcio para la contracción muscular, la vitamina se encarga de ayudar a mantener los niveles adecuados de calcio en el cuerpo. También puede ayudar a reducir el riesgo de lesiones y fracturas óseas.

Otra característica de la misma consiste también en el mejoramiento del rendimiento atlético y la recuperación muscular, en conjunto a esta característica, también se ha demostrado que con el tiempo la vitamina D ayuda a aumentar la fuerza muscular y la potencia, lo que es importante para muchos deportes. También puede ayudar a reducir la inflamación.

Sin embargo, muchos deportistas pueden tener deficiencia de vitamina D debido a la falta de exposición solar adecuada y la dieta limitada en alimentos ricos en vitamina D. Por lo tanto, es importante que los deportistas se sometan a pruebas de nivel de vitamina D en sangre y consuman suficiente vitamina a través de la exposición al sol y una dieta rica en alimentos que contienen esta vitamina.

Si te preguntas cuánto sol necesitan para tomar la vitamina D, hay que aclarar que exposiciones cortas de entre 10 y 15 minutos diarios en verano son suficientes para obtener la cantidad de vitamina que tu cuerpo necesita. En cambio, en otoño son necesarios unos 30 minutos y en invierno unos 130 minutos diarios.

En casos de deficiencia de vitamina D, se pueden considerar suplementos de vitamina D para ayudar a aumentar los niveles de vitamina en el cuerpo. Sin embargo, es importante consultar a un profesional de la salud antes de comenzar cualquier suplemento, ya que el exceso de vitamina D puede ser tóxico y causar efectos secundarios negativos.

La vitamina E: Es un antioxidante liposoluble que se encuentra en una variedad de alimentos, como nueces, semillas, palomitas, pulpo, salmón, huevos ,aceites vegetales y verduras de hoja verde. Es esencial para la salud de las células y puede ayudar a prevenir el daño celular causado por los radicales libres producidos durante el ejercicio intenso.

Para los deportistas, la vitamina E es especialmente importante debido a su papel en la protección de los músculos del daño oxidativo. Durante el ejercicio intenso, los músculos pueden producir una gran cantidad de radicales libres (es una molécula que se produce cada día en nuestro organismo como resultado de las reacciones biológicas que se producen en las células) que pueden dañar las células y contribuir a la fatiga muscular y a la recuperación lenta.

La vitamina E puede ayudar a proteger los músculos del daño oxidativo y reducir los efectos negativos del ejercicio intenso. También puede ayudar a mejorar la recuperación muscular después del ejercicio y reducir el dolor muscular.

Se ha demostrado que esta vitamina mejora la resistencia y la función cardiovascular en algunos deportes. También puede ayudar a mejorar el sistema inmunológico, lo que es importante para los deportistas que pueden estar expuestos a infecciones y enfermedades debido al estrés físico del entrenamiento y la competición.

Sin embargo, es importante tener en cuenta que demasiada vitamina E puede ser tóxica y causar efectos secundarios negativos. Por lo tanto, los deportistas deben asegurarse de consumir suficiente vitamina E a través de una dieta equilibrada y variada y consultar a un profesional de la salud antes de tomar suplementos.

La vitamina K: es una vitamina soluble en grasas que se encuentra en alimentos como vegetales de hoja verde, aceites vegetales, carnes y productos lácteos. La vitamina K juega un papel importante en la coagulación de la sangre y la salud ósea, y también puede tener beneficios para la salud cardiovascular.

Para los deportistas, la vitamina K es importante debido a su papel en la salud ósea y la coagulación de la sangre. Durante el entrenamiento y la competición, los deportistas pueden estar en mayor riesgo de lesiones óseas y hematomas debido al estrés físico en el cuerpo. También puede ayudar a mantener la salud ósea, prevenir fracturas, y puede ayudar a prevenir hematomas al promover una coagulación adecuada de la sangre.

Se ha demostrado que la vitamina K tiene efectos antiinflamatorios y antioxidantes, lo que puede ser beneficioso para la recuperación muscular después del ejercicio intenso. También puede tener beneficios para la salud cardiovascular, ayudando a reducir el riesgo de enfermedades cardíacas y accidentes cerebrovasculares.

Es de considerar que la deficiencia de vitamina K es rara en los deportistas que siguen una dieta equilibrada y variada. Por lo tanto, la suplementación de dicha vitamina generalmente no se recomienda a menos que se detecte una deficiencia en los niveles de vitamina K en sangre.

VI.   Minerales.

Los minerales son nutrientes inorgánicos esenciales que se encuentran en el cuerpo en pequeñas cantidades y desempeñan una variedad de funciones importantes en el organismo. A diferencia de los carbohidratos, proteínas y grasas, los minerales no proporcionan energía al cuerpo, pero son necesarios para una amplia gama de procesos fisiológicos.

Calcio: Es un mineral esencial para la salud ósea y muscular, y es especialmente importante para los deportistas que experimentan una mayor carga en el sistema esquelético y muscular. El calcio es necesario para la contracción muscular, la regulación de la frecuencia cardíaca y la coagulación de la sangre.

Los deportistas deben asegurarse de obtener suficiente calcio a través de una dieta equilibrada que incluya alimentos como productos lácteos, vegetales de hoja verde, salmón y sardinas enlatadas, tofu y nueces.

También pueden considerar la suplementación de calcio bajo la supervisión de un profesional de la salud si no están obteniendo suficiente a través de su dieta.

La ingesta adecuada de calcio puede ayudar a prevenir la osteoporosis y las lesiones óseas en los deportistas, lo que es especialmente importante en deportes que implican saltos y aterrizajes repetidos, como el baloncesto y el voleibol. La deficiencia de calcio también puede contribuir a la fatiga muscular y reducir la función cardiovascular, lo que puede afectar el rendimiento deportivo.

El calcio tiene efectos beneficiosos en la pérdida de peso y la reducción de la grasa corporal en los deportistas, lo que puede mejorar la composición corporal y el rendimiento deportivo.

La ingesta excesiva puede ser perjudicial para la salud y contribuir a la formación de cálculos renales, podría ocasionar daños al corazón y estómago. Los deportistas deben asegurarse de no exceder la ingesta diaria recomendada de calcio, que varía según la edad y el género.

Hierro: es un mineral esencial para la producción de glóbulos rojos, debido a que el mismo ayuda a atrapar el oxígeno y transportarlo a través de la sangre hacia órganos importantes, además de también fomentar un rendimiento muscular adecuado. Los deportistas que experimentan una mayor demanda de oxígeno y energía en el cuerpo tienen un mayor riesgo de deficiencia de hierro, lo que puede afectar negativamente el rendimiento deportivo y la salud en general.

Se puede encontrar en alimentos como carnes rojas, pescado, mariscos, aves de corral, legumbres, espinacas y cereales fortificados. Los deportistas deben asegurarse de obtener suficiente hierro a través de una dieta equilibrada y variada y considerar la suplementación bajo la supervisión de un profesional de la salud si tienen deficiencia de hierro.

La deficiencia de hierro puede causar anemia, lo que significa que el cuerpo no tiene suficientes glóbulos rojos para transportar oxígeno a los tejidos del cuerpo. La anemia puede causar fatiga, debilidad muscular y falta de concentración, lo que puede afectar negativamente el rendimiento deportivo.

Además, la deficiencia de hierro puede afectar la función muscular y aumentar el riesgo de lesiones musculares en los deportistas. El hierro es necesario para la producción de mioglobina, una proteína que almacena oxígeno en los músculos para su uso durante el ejercicio.

La ingesta excesiva de hierro puede ser perjudicial para la salud y contribuir a la formación de radicales libres y otros problemas de salud. Los deportistas deben asegurarse de no exceder la ingesta diaria recomendada, que varía según la edad y el género.

Magnesio: es un mineral esencial para el cuerpo humano que desempeña una variedad de funciones importantes, incluyendo la regulación de la contracción muscular y la síntesis de proteínas. También puede tener un papel importante en la prevención de enfermedades crónicas, como la diabetes y enfermedades cardiovasculares.

Para los deportistas, es especialmente importante debido a su papel en la producción de energía. El magnesio está involucrado en la producción de ATP (adenosina trifosfato), la principal fuente de energía del cuerpo durante el ejercicio. Además, puede ayudar a reducir la acumulación de ácido láctico en los músculos, lo que puede retrasar la aparición de la fatiga muscular.

Es importante tener en cuenta que el exceso de magnesio puede ser tóxico para el cuerpo, por lo que es esencial no exceder la ingesta diaria recomendada, que varía según la edad y el género.

Zinc: es un mineral esencial para el cuerpo humano que desempeña una variedad de funciones importantes, incluyendo la regulación del sistema inmunológico, la síntesis de proteínas y el mantenimiento de la piel y el cabello saludables. Tiene un papel importante en el rendimiento deportivo y la recuperación muscular.

Para los deportistas, el zinc es especialmente importante debido a su papel en la síntesis de proteínas y la producción de energía. Es necesario para la producción de la hormona del crecimiento y la testosterona, que son importantes para la construcción muscular y la reparación después del ejercicio. Además, reduce el daño muscular después del ejercicio intenso y acelerar la recuperación muscular.

De igual manera es importante para la salud inmunológica. Los deportistas que entrenan intensamente tienen un mayor riesgo de sufrir infecciones debido al estrés que ejerce sobre el sistema inmunológico. El zinc ayuda a regular el sistema inmunológico y puede reducir el riesgo de infecciones en los deportistas.

Las fuentes alimenticias ricas en zinc incluyen carnes rojas, aves, mariscos, legumbres y nueces. Los deportistas que tienen una dieta equilibrada y variada suelen obtener suficiente zinc a través de los alimentos. Sin embargo, en algunos casos, puede ser necesario considerar la suplementación, especialmente si se experimentan síntomas de deficiencia de zinc, como pérdida de cabello, piel seca o pérdida de peso inexplicable.

Es importante tener en cuenta que el exceso de zinc puede ser tóxico para el cuerpo, por lo que es esencial no exceder la ingesta diaria recomendada, que varía según la edad y el género.

Potasio: Es un mineral esencial que desempeña un papel importante en la nutrición de los deportistas. Es necesario para la función muscular y nerviosa, la regulación de la presión arterial y el equilibrio de los líquidos corporales. Para los deportistas, el potasio es especialmente importante debido a su papel en la contracción muscular y la producción de energía.

Durante el ejercicio intenso, el cuerpo pierde potasio a través del sudor. La pérdida excesiva puede afectar el rendimiento deportivo y aumentar el riesgo de calambres musculares y fatiga. Por lo tanto, es importante para los deportistas mantener una ingesta adecuada para reemplazar los niveles perdidos durante el ejercicio.

Las fuentes alimenticias ricas en potasio incluyen plátanos, aguacates, patatas dulces, espinacas, frijoles y yogur. Los deportistas que siguen una dieta equilibrada y variada suelen obtener suficiente a través de los alimentos. Sin embargo, en algunos casos, puede ser necesario considerar la suplementación, especialmente si se experimentan síntomas de deficiencia de potasio, como debilidad muscular o fatiga.

Es importante tener en cuenta que el exceso de potasio también puede ser perjudicial para el cuerpo, especialmente para personas con problemas renales o del corazón.

Los deportistas pueden tener necesidades nutricionales específicas según su nivel de actividad física y tipo de deporte. Por ejemplo, los deportistas de resistencia, como los corredores de larga distancia, pueden tener necesidades adicionales de vitaminas y minerales debido a la cantidad de energía que queman durante el ejercicio.

Además, algunos deportistas pueden estar en riesgo de deficiencias nutricionales debido a restricciones dietéticas, como los vegetarianos y veganos que pueden tener dificultades para obtener suficiente hierro y vitamina B12 de fuentes vegetales.

Para asegurarse de obtener suficientes vitaminas y minerales en la dieta, se recomienda consumir una variedad de alimentos de diferentes grupos alimenticios. Las frutas y verduras son especialmente ricas en vitaminas y minerales, por lo que es importante incluirlas en la dieta diaria.

Algunos deportistas también pueden optar por tomar suplementos vitamínicos y minerales para asegurarse de obtener suficientes nutrientes. Sin embargo, es importante recordar que los suplementos no pueden reemplazar una dieta saludable y equilibrada.

VII.   Metabolismo energético

El cuerpo obtiene energía de los macronutrientes (carbohidratos, proteínas y grasas) que se consumen a través de la dieta. Durante la digestión, los carbohidratos se descomponen en glucosa, las proteínas se descomponen en aminoácidos y las grasas se descomponen en ácidos grasos y glicerol. Estos nutrientes son absorbidos por el intestino y transportados al hígado, donde se transforman en moléculas de energía utilizable llamadas ATP (adenosín trifosfato).

El metabolismo energético es un proceso complejo y está influenciado por varios factores, incluyendo la edad, el género, la composición corporal, el nivel de actividad física y la ingesta de alimentos. El metabolismo basal, que es la cantidad de energía que el cuerpo necesita en reposo, también juega un papel importante en el metabolismo energético. Una persona con un metabolismo basal más alto quemará más calorías en reposo que alguien con un metabolismo basal más bajo.

El metabolismo energético también incluye el proceso de almacenamiento y liberación de energía en el cuerpo. El exceso de nutrientes se almacena en el hígado y los músculos en forma de glucógeno y triglicéridos, que se pueden utilizar como fuente de energía en momentos de necesidad. Cuando el cuerpo necesita energía, se descompone el glucógeno almacenado en el hígado y los músculos para obtener glucosa, que se utiliza como fuente de energía. Si la actividad física continúa durante un período prolongado de tiempo, el cuerpo comenzará a descomponer los ácidos grasos almacenados en las células grasas para obtener energía.

Las vitaminas B, en particular, juegan un papel importante en el metabolismo energético, ya que ayudan a descomponer los carbohidratos, proteínas y grasas en moléculas más pequeñas que el cuerpo puede utilizar para obtener energía.

Por ejemplo, la vitamina B1, es esencial para el metabolismo de los carbohidratos y la producción de energía. La vitamina B2, ayuda a descomponer las grasas y proteínas para producir energía, y la vitamina B3, es importante para la producción de energía en las células del cuerpo.Su papel en el metabolismo energético y en la protección celular, las vitaminas también son importantes para la salud ósea, la inmunidad y otros procesos fisiológicos.

Por último, el fósforo también es importante para la salud ósea. Junto con el calcio, es uno de los principales minerales que forman la estructura de los huesos y dientes. El fósforo también es importante para la producción de energía en el cuerpo y el mantenimiento de la función renal.

III. Alimentos recomendados

La nutrición es fundamental para los deportistas, ya que los alimentos adecuados les proporcionan la energía y los nutrientes necesarios para mejorar su rendimiento, acelerar la recuperación después del ejercicio y prevenir lesiones. algunos de los alimentos recomendados para deportistas:

Carbohidratos complejos: Los carbohidratos complejos, también conocidos como carbohidratos de absorción lenta, son moléculas de azúcar compuestas de varias unidades de azúcares simples unidos entre sí. A diferencia de los carbohidratos simples, que se digieren rápidamente y pueden causar un aumento rápido en los niveles de azúcar en la sangre, los carbohidratos complejos se digieren más lentamente y proporcionan una fuente sostenida de energía al cuerpo.

Estos se encuentran en alimentos como Los carbohidratos complejos se encuentran en alimentos como los cereales integrales, el pan integral, el arroz integral, la avena, las legumbres, las frutas y las verduras. Estos alimentos son ricos en fibra, vitaminas y minerales, lo que los hace una fuente importante de nutrientes en la dieta.

Los carbohidratos complejos también pueden ser beneficiosos para la salud cardiovascular, ya que se ha demostrado que reducen el riesgo de enfermedades cardiovasculares al disminuir los niveles de colesterol en la sangre. Además, debido a su alto contenido de fibra, los carbohidratos complejos pueden ayudar a mantener una buena salud digestiva y a prevenir enfermedades del tracto gastrointestinal.

El consumo de carbohidratos complejos antes del ejercicio ayuda a mantener los niveles de glucosa en sangre durante todo el entrenamiento, lo que puede prevenir la fatiga y mejorar el rendimiento. También pueden ayudar a los atletas a recuperarse más rápidamente después del ejercicio al reponer los niveles de glucógeno en el músculo.

Otra ventaja es que contienen más fibra y nutrientes que los carbohidratos simples. La fibra ayuda a mantener una digestión saludable y los nutrientes, como las vitaminas B y los minerales, son importantes para la salud general del cuerpo y para mantener la función metabólica óptima.

Es importante destacar que son una excelente fuente de fibra, un nutriente esencial para mantener la salud intestinal y prevenir el estreñimiento. Además, la fibra también puede ayudar a reducir el colesterol en sangre y mejorar la sensibilidad a la insulina, lo que es especialmente importante para los deportistas que necesitan mantener un equilibrio adecuado de nutrientes en su dieta.

Son una buena fuente de elementos energéticos especialmente aquellos presentes en granos enteros como la quinoa y la avena. La quinoa es una excelente fuente de hierro, magnesio y zinc, mientras que la avena es rica en vitamina B1, selenio y fósforo. Estos nutrientes son esenciales para mantener la salud ósea, la función inmunológica y la producción de energía en el cuerpo.

Son una opción ideal para los deportistas que buscan aumentar su ingesta calórica, ya que proporcionan energía de manera sostenida y son ricos en nutrientes. Los atletas que tienen un alto requerimiento calórico, como aquellos que practican deportes de resistencia, pueden beneficiarse de consumir una dieta rica en carbohidratos complejos para asegurarse de tener suficiente energía para rendir al máximo.

Es importante tener en cuenta que, aunque los carbohidratos complejos son una opción nutricionalmente densa y beneficiosa para los deportistas, es importante consumirlos con moderación y equilibrio. El exceso de carbohidratos en la dieta puede llevar a un aumento de peso no deseado y una mayor producción de insulina, lo que puede aumentar el riesgo de diabetes y enfermedades cardíacas.

Frutas y verduras: Las frutas y verduras son ricas en vitaminas, minerales y antioxidantes, que son importantes para la salud en general y la función inmunológica. Las frutas y verduras también proporcionan fibra, que es importante para la digestión y la regulación del azúcar en la sangre.

Agua: La hidratación es fundamental para los deportistas, ya que la deshidratación puede afectar negativamente el rendimiento y aumentar el riesgo de lesiones. Los deportistas deben beber suficiente agua antes, durante y después del ejercicio para reemplazar los líquidos perdidos a través del sudor.

Suplementos deportivos: Los suplementos deportivos, como los batidos de proteínas y los suplementos de creatina, pueden ser útiles para los deportistas que tienen dificultades para obtener suficientes nutrientes de los alimentos. Sin embargo, los deportistas deben tener cuidado al elegir los suplementos y asegurarse de que sean seguros y efectivos, para esto recomendamos hablar con una persona experimentada en el tema, específicamente un nutricionista que pueda indicar con precisión, cuales son tus deficiencias y fortalezas en el lado energético.

Proteínas magras: Son una excelente fuente de nutrientes para los deportistas ya que proporcionan los bloques de construcción necesarios para reparar y reconstruir los tejidos musculares dañados durante el ejercicio intenso. Además, las proteínas también son necesarias para mantener una variedad de funciones corporales, como la producción de enzimas y hormonas, la regulación de los niveles de azúcar en la sangre y la formación de células sanguíneas.

Las proteínas magras, como la pechuga de pollo, el pavo, el pescado, las claras de huevo, los frijoles y el tofu, son particularmente buenas para los deportistas porque son ricas en aminoácidos esenciales, que son aquellos que el cuerpo no puede producir por sí mismo y deben obtenerse a través de la dieta.

Son una fuente importante de hierro y zinc, dos nutrientes esenciales para el transporte de oxígeno y la producción de energía en el cuerpo. El hierro es especialmente importante para los deportistas de resistencia, como los corredores de larga distancia, que tienen un mayor riesgo de deficiencia de hierro debido a la pérdida de sangre y la demanda de oxígeno del cuerpo durante el ejercicio.

Así mismo son bajas en grasas saturadas y colesterol, lo que las convierte en una opción saludable para los deportistas que buscan mantener una dieta equilibrada y controlar su peso corporal. Además, las proteínas vegetales, como los frijoles y el tofu, también son una buena opción para los deportistas que siguen una dieta vegetariana o vegana.

Es importante recordar que los deportistas deben consumir una cantidad adecuada de proteínas para mantener y reparar los músculos, pero también deben asegurarse de no exceder su ingesta proteica recomendada. El exceso de proteínas en la dieta puede conducir a problemas de salud a largo plazo, como la sobrecarga renal y el aumento del riesgo de enfermedades crónicas.

En términos generales, los deportistas deben consumir entre 1,2 y 1,7 gramos de proteína por kilogramo de peso corporal al día, dependiendo de la intensidad y la duración del entrenamiento y del tipo de deporte que se practique. Es importante que los deportistas distribuyan su ingesta de proteínas a lo largo del día y la combinen con carbohidratos complejos para maximizar su absorción y aprovechamiento.

Además de las fuentes mencionadas anteriormente, los deportistas también pueden obtener proteínas de otras fuentes, como la carne roja magra, los lácteos bajos en grasa, los frutos secos y las semillas, y algunos granos y cereales como la quinoa y la avena. Es importante elegir opciones de proteína magra y limitar la ingesta de proteínas altas en grasas saturadas y colesterol.

Es importante recordar que los deportistas deben asegurarse de consumir suficientes calorías y nutrientes en general para satisfacer las necesidades de su cuerpo durante el entrenamiento y la recuperación. De igual manera, deben trabajar con un profesional de la nutrición deportiva para desarrollar un plan de alimentación personalizado que satisfaga sus necesidades específicas de nutrición y objetivos de rendimiento.

Grasas saludables: Las grasas saludables, también conocidas como grasas insaturadas, son una fuente importante de energía para los deportistas y también tienen otros beneficios para la salud. Los deportistas deben incluir una variedad de grasas saludables en su dieta, incluyendo aguacate, nueces, semillas, aceite de oliva y pescado graso como el salmón y el atún.

Estas grasas importan ya que ayudan a mantener el equilibrio hormonal, apoyan la salud del cerebro y del sistema nervioso, y son esenciales para la absorción de vitaminas liposolubles como la vitamina A, D, E y K. Adicionalmente, las grasas insaturadas ayudan a reducir la inflamación y el estrés oxidativo en el cuerpo, lo que puede ayudar a prevenir enfermedades crónicas.

Los deportistas pueden obtener grasas saludables de muchas fuentes diferentes, incluyendo:

Aguacate: es rico en ácidos grasos monoinsaturados, fibra y otros nutrientes esenciales.

Nueces y semillas: Son una fuente de grasas saludables, proteínas, fibra y otros nutrientes.

Aceite de oliva: Posee ácidos grasos monoinsaturados y tiene propiedades antiinflamatorias.

Pescado graso: Como el salmón, el atún y la caballa son ricos en ácidos grasos omega-3, que tienen beneficios antiinflamatorios y pueden mejorar la salud del cerebro y del corazón.

Cabe aclarar que los deportistas consuman las grasas saludables en cantidades moderadas y en equilibrio con otros nutrientes esenciales en su dieta. Los deportistas también deben evitar las grasas saturadas y trans, que pueden aumentar el colesterol y el riesgo de enfermedades crónicas.

Aparte de los beneficios mencionados, son importantes para los deportistas porque pueden mejorar el rendimiento deportivo. Así mismo, pueden proporcionar energía a largo plazo y ayudar a prevenir la fatiga.

Los deportistas deben tratar de incluir una variedad de fuentes saludables de grasas en su dieta diaria. Por ejemplo, pueden incluir un puñado de nueces o semillas como una merienda saludable, agregar aguacate a sus ensaladas o preparar una cena con salmón a la parrilla.

Frutas y verduras: Las frutas y verduras son fundamentales para la dieta de los deportistas debido a su alto contenido en vitaminas, minerales y antioxidantes.

Estos nutrientes son esenciales para mantener la salud y el rendimiento óptimo durante el ejercicio.

Las vitaminas y minerales presentes en las frutas y verduras son importantes para apoyar el metabolismo energético y la producción de glóbulos rojos, que transportan oxígeno a los músculos durante el ejercicio. Además, las frutas y verduras son una excelente fuente de antioxidantes que ayudan a proteger el cuerpo contra el estrés oxidativo, un proceso que puede dañar las células y contribuir a la inflamación y lesiones musculares.

Los antioxidantes también pueden mejorar la recuperación muscular después del ejercicio y reducir el riesgo de lesiones. Por ejemplo, la vitamina C presente en las frutas como las naranjas y los kiwis, puede ayudar a reducir la inflamación y el dolor muscular después del ejercicio intenso.

Los deportistas deben tratar de incluir una variedad de frutas y verduras en su dieta diaria, incluyendo diferentes colores y tipos para obtener una amplia variedad de nutrientes. Las opciones pueden incluir bayas, melones, plátanos, manzanas, brócoli, espinacas, zanahorias, tomates y pimientos. Una forma fácil de incorporar más frutas y verduras en la dieta es agregarlas a los batidos o smoothies, o como guarnición o ingrediente en las comidas principales.

También es importante destacar que las frutas y verduras son ricas en fibra, lo que ayuda a mantener una digestión saludable y a controlar los niveles de glucemia. Esto es especialmente importante para los deportistas, ya que los niveles adecuados de glucemia son esenciales para mantener la energía durante el ejercicio.

IV. Cómo planificar tus comidas

Planificar las comidas para deportistas es crucial para asegurarse de que se está obteniendo la nutrición adecuada para el rendimiento deportivo óptimo. Aquí hay algunos pasos para planificar las comidas:

Calcula tus necesidades calóricas: La cantidad de calorías que necesitas dependerá de tu nivel de actividad física, edad, género, altura y peso. Es importante calcular tus necesidades calóricas para asegurarte de que estás consumiendo la cantidad adecuada de energía para tus actividades físicas.

Para calcular tus necesidades calóricas diarias, debes tener en cuenta varios factores, como tu edad, sexo, peso, altura, nivel de actividad física y objetivos de pérdida de peso o mantenimiento de peso. Existen varias fórmulas para calcular las necesidades calóricas, pero una de las más comunes es la fórmula de

Harris-Benedict, que se basa en el gasto energético basal (GEB) y el nivel de actividad física.

Para calcular tus necesidades calóricas diarias usando la fórmula de Harris-Benedict, sigue estos pasos:

Calcula tu GEB: utiliza la siguiente fórmula para calcular tu GEB en función de tu sexo, peso, altura y edad:

Hombres: GEB = 88,36 + (13,4 x peso en kg) + (4,8 x altura en cm) - (5,7 x edad en años).

Mujeres: GEB = 447,6 + (9,2 x peso en kg) + (3,1 x altura en cm) - (4,3 x edad en años).

Determina tu nivel de actividad física: multiplica tu GEB por el factor correspondiente a tu nivel de actividad física:

Sedentario (poco o ningún ejercicio): GEB x 1,2.

Ligeramente activo (ejercicio ligero de 1-3 días por semana): GEB x 1,375.

Moderadamente activo (ejercicio moderado de 3-5 días por semana): GEB x 1,55.

Muy activo (ejercicio intenso de 6-7 días por semana): GEB x 1,725.

Extremadamente activo (ejercicio muy intenso de 2 veces al día o entrenamiento para una competición): GEB x 1,9.

Calcula tu necesidad calórica diaria: el resultado de la multiplicación en el paso anterior te dará tu necesidad calórica diaria para mantener tu peso actual. Si tu objetivo es perder peso, debes crear un déficit calórico al consumir menos calorías de las que quemas. Si tu objetivo es ganar peso, debes crear un superávit calórico al consumir más calorías de las que quemas.

Es importante tener en cuenta que estos cálculos son sólo una estimación y que cada persona es única, por lo que es posible que necesites ajustar tu consumo de calorías según tu respuesta individual. También es importante visitar a un nutricionista especializado.

Elige alimentos de calidad: Es importante elegir alimentos de calidad, como carbohidratos complejos, proteínas magras y grasas saludables, así como frutas y verduras ricas en nutrientes. Estos alimentos proporcionan energía sostenida, reparación y crecimiento muscular y nutrientes importantes para la salud.

Planificar con anticipación: La planificación de comidas y refrigerios es fundamental para los deportistas, ya que les ayuda a asegurar la disponibilidad de alimentos saludables y convenientes para su dieta y entrenamiento. Una de las claves para la planificación de comidas y refrigerios es asegurarse de que se incluyan alimentos saludables y nutritivos en la dieta. Los deportistas necesitan una dieta equilibrada que incluya proteínas, carbohidratos, grasas saludables, vitaminas y minerales.

De la misma manera asegurarse de que se incluyan alimentos saludables y nutritivos en la dieta, también es importante planificar las comidas y refrigerios para asegurarse de que se ajusten a las necesidades individuales de cada deportista. Esto puede incluir la cantidad de calorías que se necesitan para el entrenamiento, la frecuencia de las comidas y refrigerios, y los alimentos específicos que se deben incluir en la dieta.

Ajusta tu ingesta de nutrientes según tus necesidades: Dependiendo del tipo de deporte que practiques, puede que necesites ajustar tu ingesta de nutrientes. Por ejemplo, los deportistas de resistencia pueden necesitar más carbohidratos para mantener la energía durante períodos prolongados de ejercicio.

Haz ajustes según el entrenamiento y la competición: En días de entrenamiento intensivo o competición, es importante ajustar las comidas y meriendas para asegurarte de que estás proporcionando suficiente energía para tu cuerpo. Esto puede incluir comer comidas más grandes o añadir más carbohidratos.

Algunas razones por las que la planificación de comidas y refrigerios es buena para los deportistas:

Mejora del rendimiento deportivo: La alimentación adecuada es esencial para el rendimiento deportivo. Los deportistas necesitan una ingesta adecuada de nutrientes para proporcionar energía y reparar los músculos después de los entrenamientos. La planificación de comidas y refrigerios asegura que los deportistas tengan la cantidad adecuada de nutrientes necesarios para su entrenamiento y competencia.

Control de peso: Los deportistas necesitan mantener un peso saludable para rendir al máximo. La planificación de comidas y refrigerios saludables puede ayudar a los deportistas a controlar su peso y mantenerse en forma para su deporte.

Preparación adecuada para el entrenamiento y la competencia: La planificación de comidas y refrigerios permite a los deportistas prepararse adecuadamente para el entrenamiento y la competencia. Los deportistas pueden asegurarse de tener suficiente energía para el entrenamiento y la competencia, así como también pueden planificar comidas y refrigerios para después del ejercicio para ayudar en la recuperación.

Ahorro de tiempo y dinero: La planificación de comidas y refrigerios puede ayudar a los deportistas a ahorrar tiempo y dinero. Si los deportistas tienen sus comidas y refrigerios planificados de antemano, pueden comprar los ingredientes necesarios y preparar las comidas en casa, lo que puede ser más económico que comer fuera de casa.

Reducción de enfermedades y lesiones: La alimentación adecuada es importante para mantener una buena salud y prevenir lesiones. Los deportistas pueden reducir el riesgo de enfermedades y lesiones al planificar comidas y refrigerios saludables y nutritivos.

Otro aspecto importante de la planificación de comidas y refrigerios para los deportistas es asegurarse de que los alimentos estén disponibles y sean convenientes. Esto puede significar planificar comidas y refrigerios para llevar al entrenamiento o la competencia, o asegurarse de tener alimentos saludables disponibles en casa para cuando se necesiten. La conveniencia es clave para asegurarse de que los deportistas no recurren a opciones menos saludables debido a la falta de tiempo o acceso a alimentos saludables.

Bebe suficiente agua: La hidratación es esencial para la salud en general y, en particular, para el rendimiento deportivo. Durante el ejercicio, el cuerpo pierde agua a través del sudor, lo que puede conducir a la deshidratación si no se reemplaza adecuadamente. La deshidratación puede afectar el rendimiento y la capacidad para realizar ejercicio físico, lo que hace que la hidratación adecuada sea esencial para los deportistas.

Aparte del agua, durante el ejercicio el cuerpo pierde electrolitos, como el sodio y el potasio, que son importantes para el equilibrio de líquidos y la contracción muscular. La falta de electrolitos puede llevar a calambres musculares, fatiga y disminución del rendimiento deportivo.

Se debe comenzar el ejercicio ya hidratado y mantenerse hidratado durante y después del mismo. La cantidad de líquido que necesita cada persona varía según su peso, altura, edad, nivel de actividad física y la cantidad de sudoración. Se recomienda beber agua regularmente durante el día y tomar líquidos adicionales antes, durante y después del ejercicio.

Para garantizar una hidratación adecuada, los deportistas deben comenzar a beber agua antes de comenzar el ejercicio para asegurarse de estar adecuadamente hidratados antes de comenzar. Durante el ejercicio, deben beber agua regularmente para reemplazar los líquidos perdidos a través del sudor. Después del ejercicio, deben continuar bebiendo agua para reemplazar los líquidos perdidos y ayudar a la recuperación.

Es importante tener en cuenta que las necesidades de hidratación pueden variar según la duración y la intensidad del ejercicio, la temperatura ambiente y otros factores individuales, como el peso corporal y la sudoración. Los deportistas deben prestar atención a sus necesidades individuales de hidratación y ajustar su consumo de líquidos en consecuencia.

Además del agua, las bebidas deportivas pueden ser beneficiosas para los deportistas que realizan ejercicios prolongados o intensos, ya que contienen carbohidratos y electrolitos que ayudan a reponer los nutrientes perdidos durante el ejercicio.

Establecer un horario de comidas: Es importante establecer un horario regular de comidas y mantenerlo. Esto ayuda a regular el metabolismo y asegura que el cuerpo tenga suficiente energía para el entrenamiento y la recuperación. Es recomendable comer cada 3-4 horas.

Incluir carbohidratos en cada comida: Como se mencionó anteriormente, los carbohidratos son la principal fuente de energía para el cuerpo durante el ejercicio. Es importante incluir carbohidratos complejos en cada comida para asegurarse de que el cuerpo tenga suficiente energía para el entrenamiento y la recuperación.

Incluir una variedad de frutas y verduras: Las frutas y verduras son una fuente importante de vitaminas, minerales y antioxidantes que son esenciales para la salud y el rendimiento deportivo. Es importante incluir una variedad de frutas y verduras en cada comida para asegurarse de obtener una amplia gama de nutrientes.

Distribución adecuada de macronutrientes en cada comida y merienda: La distribución adecuada de macronutrientes en cada comida y merienda es importante para los deportistas porque les permite obtener una cantidad suficiente de energía para sus entrenamientos y competiciones.

Un enfoque común para la distribución de macronutrientes es consumir alrededor del 50% de las calorías diarias de carbohidratos, 20-30% de proteínas y 20-30% de grasas saludables. Es importante tener en cuenta que la calidad de los macronutrientes también es importante, por lo que se deben elegir carbohidratos complejos, proteínas magras y grasas saludables en lugar de alimentos procesados y altos en grasas saturadas.

Además de la distribución adecuada de macronutrientes, es importante planificar la ingesta de alimentos antes y después del ejercicio. Consumir carbohidratos antes del ejercicio puede ayudar a aumentar la energía disponible para el ejercicio y prevenir la fatiga temprana. Consumir proteínas y carbohidratos después del ejercicio puede ayudar a reparar el daño muscular y reponer los depósitos de glucógeno.

La distribución adecuada de macronutrientes en cada comida y merienda es importante para los deportistas, ya que ayuda a mantener un suministro constante de energía para el cuerpo y también favorece la recuperación muscular después del ejercicio.

El consumo adecuado de calorías es esencial para mantener un equilibrio energético y asegurar un rendimiento óptimo en el deporte. Consumir demasiadas calorías puede provocar un aumento de peso innecesario, mientras que consumir muy pocas calorías puede provocar fatiga y disminución del rendimiento.

El consumo adecuado de calorías es fundamental para los deportistas ya que las calorías son la energía que el cuerpo utiliza para realizar cualquier actividad física. Una dieta adecuada en calorías ayuda a asegurar que el cuerpo tenga suficiente energía para completar el entrenamiento y competir en eventos deportivos.

Un nutricionista deportivo puede calcular las necesidades calóricas específicas para un deportista en función de su perfil individual, actividad física y metas deportivas. Sin embargo, como regla general, los deportistas deben consumir suficientes calorías para mantener un equilibrio energético positivo, es decir, consumir más calorías de las que se gastan durante el entrenamiento y las actividades diarias.

V. Tipos de deportistas y sus necesidades nutricionales

Existen diferentes tipos de deportistas que requieren de necesidades nutricionales específicas para poder desempeñarse de manera óptima en su actividad física. A continuación, se describen los diferentes tipos de deportistas y sus necesidades nutricionales específicas:

Deportistas de resistencia: Estos deportistas realizan actividades físicas de larga duración como maratones, triatlones, carreras de ciclismo y natación. Los deportistas de resistencia requieren de una ingesta adecuada de carbohidratos antes y durante el ejercicio para proporcionar la energía necesaria para el rendimiento. Necesitan proteínas para la recuperación muscular después del ejercicio.

Para mantener una energía constante durante el ejercicio, los deportistas de resistencia necesitan una ingesta adecuada de carbohidratos para mantener niveles óptimos de glucógeno en los músculos y en el hígado.

Durante el ejercicio de resistencia, el cuerpo utiliza el glucógeno almacenado para proporcionar la energía necesaria para el rendimiento. Si los niveles de glucógeno son bajos, el cuerpo comenzará a utilizar otros tejidos como fuente de energía, lo que puede llevar a una disminución en el rendimiento y la fatiga.

Para mantener niveles óptimos de glucógeno, los deportistas de resistencia deben consumir entre 7 y 10 gramos de carbohidratos por kilogramo de peso corporal por día. Durante el ejercicio, los deportistas de resistencia también deben consumir carbohidratos para mantener los niveles de glucógeno. Se recomienda consumir entre 30 y 60 gramos de carbohidratos por hora de ejercicio.

Aparte de los carbohidratos, los deportistas de resistencia también necesitan una ingesta adecuada de proteínas para reparar y mantener el tejido muscular.

Durante el ejercicio de resistencia, los músculos se descomponen y se dañan. Las proteínas ayudan a reparar y mantener el tejido muscular después del ejercicio.

Se recomienda que los deportistas de resistencia consuman entre 1,2 y 1,7 gramos de proteína por kilogramo de peso corporal por día. Es importante consumir proteínas de alta calidad, como las que se encuentran en la carne, el pescado, los huevos y los productos lácteos.

Otro factor importante para los deportistas de resistencia es la hidratación. Durante el ejercicio prolongado, el cuerpo pierde agua y electrolitos a través del sudor. La deshidratación puede llevar a una disminución en el rendimiento y la fatiga. Se recomienda que los deportistas de resistencia consuman líquidos durante el ejercicio para mantener la hidratación adecuada. Las bebidas deportivas que contienen carbohidratos y electrolitos pueden ser especialmente útiles para mantener los niveles de energía y reemplazar los electrolitos perdidos.

Deportistas de fuerza: Estos deportistas realizan actividades físicas que requieren de fuerza, como levantamiento de pesas, entrenamiento de potencia y deportes de combate. Los deportistas de fuerza requieren de una ingesta adecuada de proteínas para reparar y reconstruir los músculos después del ejercicio. También necesitan una ingesta adecuada de carbohidratos para proporcionar la energía necesaria para el rendimiento. Además, necesitan una hidratación adecuada antes, durante y después del ejercicio.

Los deportistas de fuerza, como los levantadores de pesas y los culturistas, tienen necesidades nutricionales específicas para construir y mantener la masa muscular. La proteína es esencial para la construcción de músculo y la reparación del tejido muscular dañado durante el entrenamiento de fuerza.

Se recomienda que los deportistas de fuerza consuman entre 1.4 y 2 gramos de proteína por kilogramo de peso corporal al día para optimizar el crecimiento y la reparación muscular. Es importante consumir proteínas de alta calidad, como las que se encuentran en la carne magra, el pescado, los huevos, los productos lácteos y las legumbres.

Además de la proteína, los deportistas de fuerza también necesitan una ingesta adecuada de carbohidratos y grasas saludables para proporcionar energía y apoyar la función celular. Los carbohidratos son especialmente importantes para proporcionar energía para el entrenamiento de fuerza intenso y para reponer los niveles de glucógeno en los músculos después del ejercicio. Las grasas saludables son importantes para mantener la función celular y proteger los órganos.

Los deportistas de fuerza también pueden beneficiarse de la ingesta de ciertos suplementos, como la creatina y la beta-alanina. La creatina es un suplemento que ha demostrado mejorar el rendimiento en ejercicios de alta intensidad y corta duración, mientras que la beta-alanina puede ayudar a reducir la fatiga muscular y mejorar el rendimiento durante los entrenamientos de alta intensidad y larga duración.

Así como la ingesta adecuada de proteínas, carbohidratos y grasas, los deportistas de fuerza también deben asegurarse de mantenerse bien hidratados. La hidratación es esencial para la función muscular adecuada, la regulación de la temperatura corporal y el transporte de nutrientes y oxígeno a los músculos. Se recomienda que los deportistas de fuerza consuman suficiente líquido antes, durante y después del entrenamiento, y que tomen en cuenta la cantidad de líquido que pierden a través del sudor durante el ejercicio.

La nutrición, el descanso y la recuperación son esenciales para el rendimiento y la salud en general de los deportistas de fuerza. El sueño adecuado es crucial para la recuperación muscular y la regeneración celular, mientras que la falta de sueño puede disminuir el rendimiento y aumentar el riesgo de lesiones. Los deportistas de fuerza también pueden beneficiarse de técnicas de recuperación activa, como el masaje, la terapia de compresión y la hidroterapia, para ayudar a reducir la inflamación y mejorar la recuperación muscular.

Es importante destacar que las necesidades nutricionales pueden variar según la edad, el género, el nivel de actividad física y otros factores individuales. Es recomendable que los deportistas de fuerza trabajen con un nutricionista deportivo o un profesional de la salud para desarrollar un plan de nutrición personalizado que satisfaga sus necesidades nutricionales individuales y objetivos de rendimiento.

Deportistas de velocidad: Estos deportistas realizan actividades físicas que requieren de velocidad, como sprints y deportes de pista y campo. Los deportistas de velocidad requieren de una ingesta adecuada de carbohidratos para proporcionar la energía necesaria para el rendimiento. También necesitan proteínas para la recuperación muscular después del ejercicio. A su vez, necesitan una hidratación adecuada antes, durante y después del ejercicio.

Los deportistas de velocidad, como los corredores de pista, los velocistas de natación y los ciclistas de pista, requieren una dieta que les proporcione suficiente energía y nutrientes para rendir al máximo nivel. El rendimiento en estos deportes depende en gran medida de la capacidad del cuerpo para producir energía de forma rápida y eficiente, y esto requiere una ingesta adecuada de carbohidratos y grasas.

Los carbohidratos son particularmente importantes para los deportistas de velocidad, ya que el cuerpo los utiliza como fuente de energía principal durante el ejercicio de alta intensidad. Los deportistas de velocidad deben consumir suficientes carbohidratos para mantener los niveles de glucógeno muscular, que son la forma en que el cuerpo almacena carbohidratos para su uso posterior durante el ejercicio. Una dieta rica en carbohidratos complejos, como pan integral, arroz integral, avena, frutas y verduras, puede proporcionar la energía que necesitan los deportistas de velocidad.

Las proteínas también son importantes para los deportistas de velocidad, ya que ayudan a reparar y mantener los músculos después del ejercicio intenso. La ingesta de proteínas debe ser adecuada para asegurar la recuperación muscular y evitar el catabolismo muscular, que es cuando el cuerpo comienza a descomponer el tejido muscular para obtener energía. Fuentes de proteínas magras como el pollo, pavo, pescado, legumbres, nueces y semillas son excelentes opciones para los deportistas de velocidad.

Adicionalmente de la ingesta adecuada de macronutrientes, los deportistas de velocidad también necesitan asegurarse de mantenerse hidratados antes, durante y después del ejercicio. La deshidratación puede afectar negativamente el rendimiento y la recuperación muscular, y aumentar el riesgo de lesiones.

Los deportistas de velocidad también necesitan asegurarse de consumir grasas saludables en su dieta. Las grasas son una fuente importante de energía para los deportistas de velocidad, ya que pueden proporcionar una fuente sostenible de energía durante ejercicios prolongados. Son importantes por su función celular adecuada y ayudar a reducir la inflamación.

Los deportistas de velocidad también pueden beneficiarse de la inclusión de alimentos ricos en antioxidantes en su dieta. El ejercicio intenso puede producir especies reactivas de oxígeno (ROS, por sus siglas en inglés) que pueden dañar las células y aumentar el riesgo de lesiones. Los antioxidantes pueden neutralizar estos ROS y reducir el daño celular. Las frutas y verduras son excelentes fuentes de antioxidantes y también proporcionan una amplia gama de vitaminas y minerales esenciales para la salud y el rendimiento.

Las necesidades de energía de los deportistas de velocidad pueden variar dependiendo del deporte y la posición en el equipo. Por ejemplo, los corredores de pista de corta distancia pueden requerir una dieta con un mayor enfoque en carbohidratos, mientras que los ciclistas de pista pueden necesitar una mayor ingesta de proteínas para mantener y construir masa muscular. Los deportistas de velocidad que compiten en deportes de equipo pueden necesitar ajustar su dieta para satisfacer las demandas específicas de su posición en el equipo.

Deportistas de equipo: Estos deportistas juegan deportes de equipo como fútbol, baloncesto, rugby y hockey. Los deportistas de equipo requieren de una ingesta adecuada de carbohidratos para proporcionar la energía necesaria para el rendimiento. También necesitan proteínas para la recuperación muscular después del ejercicio. Igualmente, necesitan una hidratación adecuada antes, durante y después del ejercicio. Los deportistas de equipo necesitan una ingesta adecuada de grasas saludables para mantener una función cerebral adecuada y prevenir lesiones.

Los deportistas de deportes de equipo tienen necesidades nutricionales específicas que dependen del deporte en el que participan y de la posición que ocupan en el equipo. Algunos deportes de equipo, como el fútbol y el baloncesto, son deportes de alta intensidad y requieren una gran cantidad de energía para mantener el rendimiento durante todo el partido. Otros deportes, como el béisbol y el voleibol, pueden ser menos intensos en términos de energía, pero aún requieren una nutrición adecuada para apoyar el rendimiento y la recuperación.

Los deportistas de deportes de equipo suelen requerir una combinación de carbohidratos, proteínas y grasas saludables para satisfacer sus necesidades nutricionales.

Aparte de la ingesta adecuada de macronutrientes, los deportistas de deportes de equipo también deben prestar atención a su ingesta de micronutrientes, como vitaminas y minerales. Los deportistas que siguen una dieta restrictiva o que tienen restricciones alimentarias pueden correr el riesgo de deficiencias nutricionales que pueden afectar su rendimiento y su salud en general.

La posición que ocupa un deportista en el equipo también puede afectar sus necesidades nutricionales. Por ejemplo, los jugadores de línea en el fútbol americano pueden necesitar consumir más calorías y proteínas para mantener su masa muscular y fuerza, mientras que los jugadores de baloncesto pueden necesitar enfocarse en la ingesta de carbohidratos para mantener su energía durante el partido.

A su vez de la ingesta adecuada de macronutrientes y micronutrientes, los deportistas de deportes de equipo pueden necesitar considerar otros factores dietéticos que pueden afectar su rendimiento. Por ejemplo, la hidratación adecuada es crucial para los deportistas que participan en deportes de alta intensidad y/o al aire libre, especialmente en climas cálidos y húmedos. La deshidratación puede disminuir el rendimiento y aumentar el riesgo de lesiones.

La suplementación dietética puede ser útil para algunos deportistas de deportes de equipo, especialmente aquellos que tienen dificultades para cumplir con sus necesidades nutricionales mediante la alimentación sola. Por ejemplo, los suplementos de proteínas pueden ser útiles para los deportistas de fuerza que necesitan aumentar su masa muscular, mientras que los suplementos de carbohidratos pueden ser beneficiosos para los deportistas de resistencia que necesitan mantener sus niveles de glucógeno.

Cabe recalcar el tener en cuenta que la suplementación dietética no debe reemplazar una alimentación saludable y equilibrada, y que algunos suplementos pueden ser potencialmente peligrosos si se toman en exceso o en combinación con ciertos medicamentos. Es recomendable trabajar con un nutricionista deportivo o un profesional de la salud para determinar si la suplementación dietética es apropiada para sus necesidades individuales.

Deportistas de deportes de resistencia anaeróbica: Estos deportistas realizan actividades físicas que implican explosiones de energía como levantamiento de pesas y ejercicios de alta intensidad. Ellos requieren de una ingesta adecuada de carbohidratos para proporcionar la energía necesaria para el rendimiento. A su vez, necesitan proteínas para la recuperación muscular después del ejercicio. También, necesitan una hidratación adecuada antes, durante y después del ejercicio.

La proteína es un nutriente importante para los deportistas de resistencia anaeróbica, ya que es esencial para la construcción y reparación del tejido muscular. Los carbohidratos son una fuente de energía importante para estos deportistas, ya que proporcionan la energía necesaria para el entrenamiento intenso y la competición. La ingesta adecuada de carbohidratos antes y después del entrenamiento puede ayudar a asegurar que el cuerpo tenga suficiente glucógeno muscular para usar como energía durante el ejercicio.

También es importante que los deportistas de resistencia anaeróbica consuman suficientes grasas saludables en su dieta. Las grasas proporcionan energía a largo plazo y ayudan a mantener una función celular adecuada. Los deportistas de resistencia anaeróbica pueden beneficiarse de la inclusión de alimentos ricos en antioxidantes en su dieta para ayudar a reducir la inflamación y el daño celular.

Las necesidades de energía y nutrientes específicos de los deportistas de resistencia anaeróbica pueden variar dependiendo del deporte y la posición en el equipo. Por ejemplo, los levantadores de pesas pueden necesitar una dieta con un mayor enfoque en proteínas para ayudar a construir y reparar músculos, mientras que los lanzadores de disco pueden necesitar una dieta con un mayor enfoque en carbohidratos para proporcionar la energía necesaria para el entrenamiento y la competición.

Aparte de los nutrientes mencionados anteriormente, los deportistas de resistencia anaeróbica también deben asegurarse de obtener suficientes vitaminas y minerales. Las vitaminas y minerales son esenciales para muchas funciones corporales, incluyendo la síntesis de proteínas y la producción de energía. Los deportistas de resistencia anaeróbica pueden tener un mayor riesgo de deficiencias de vitaminas y minerales debido al aumento de las demandas físicas en su cuerpo.

Durante el entrenamiento y la competición, los deportistas pueden perder grandes cantidades de líquidos a través del sudor, lo que puede llevar a la deshidratación y afectar el rendimiento. Los deportistas deben asegurarse de beber suficiente agua antes, durante y después del ejercicio para mantener una hidratación adecuada.

Los deportistas también deben asegurarse de obtener suficiente descanso y recuperación. El descanso adecuado es esencial para la recuperación muscular y para evitar el sobreentrenamiento, que puede conducir a lesiones y disminución del rendimiento.

Es recomendable trabajar con un nutricionista deportivo o un profesional de la salud para desarrollar un plan de nutrición personalizado que satisfaga las necesidades individuales de cada deportista.

VI. Suplementos adecuados

Los suplementos para deportistas son productos que contienen nutrientes específicos en forma concentrada, diseñados para ayudar a mejorar el rendimiento deportivo, la recuperación y la salud en general. Si bien algunos suplementos pueden ser útiles para los deportistas, es importante entender que no todos los suplementos son seguros o efectivos.

Antes de tomar cualquier suplemento, es importante que los deportistas consulten a un profesional de la salud para determinar si es adecuado para sus necesidades individuales. Los suplementos no deben reemplazar una dieta saludable y equilibrada, y no se deben tomar en exceso, ya que pueden tener efectos negativos en la salud.

Algunos suplementos populares para deportistas incluyen:

Proteína en polvo: La proteína en polvo es una forma conveniente de aumentar la ingesta de proteínas y ayudar a la recuperación muscular después del ejercicio. Se puede mezclar con agua o leche para hacer batidos y se puede encontrar en una variedad de fuentes, como suero de leche, caseína, soja y guisante.

Creatina: La creatina es un compuesto que se encuentra naturalmente en el cuerpo y se utiliza para producir energía durante el ejercicio de alta intensidad. La suplementación con creatina puede aumentar la fuerza y la masa muscular, pero es importante tener en cuenta que no todos los deportistas pueden beneficiarse de la creatina y puede tener efectos secundarios.

Cafeína: La cafeína es un estimulante natural que puede mejorar el rendimiento deportivo al aumentar la energía y la concentración. Sin embargo, los deportistas deben tener cuidado con el consumo excesivo de cafeína, ya que puede provocar nerviosismo, insomnio y otros efectos secundarios.

BCAA: Los aminoácidos de cadena ramificada (BCAA, por sus siglas en inglés) son aminoácidos esenciales que se utilizan para construir proteínas en el cuerpo. Los suplementos de BCAA pueden ayudar a mejorar la recuperación muscular y reducir el dolor muscular después del ejercicio.

Vitaminas y minerales: Los deportistas pueden tener un mayor riesgo de deficiencias de vitaminas y minerales debido al aumento de las demandas físicas en el cuerpo. Los suplementos de vitaminas y minerales pueden ayudar a asegurar que los deportistas obtengan suficientes nutrientes para mantener una buena salud.

Es importante tener en cuenta que no todos los suplementos son seguros o efectivos. Algunos suplementos pueden contener ingredientes peligrosos o no regulados, y pueden tener efectos negativos en la salud. Por lo tanto, es importante que los deportistas obtengan sus suplementos de fuentes confiables y consulten a un profesional de la salud antes de tomar cualquier suplemento.

Además de los suplementos mencionados anteriormente, existen otros productos que los deportistas pueden usar para mejorar su rendimiento y salud. A continuación, se describen algunos de ellos:

Beta-alanina: Es un aminoácido no esencial que se convierte en carnosina en el cuerpo. La carnosina ayuda a reducir la acumulación de ácido láctico en los músculos durante el ejercicio de alta intensidad, lo que puede retrasar la fatiga muscular.

Óxido nítrico: Es una molécula que se produce naturalmente en el cuerpo y dilata los vasos sanguíneos, lo que mejora el flujo sanguíneo y la entrega de oxígeno y nutrientes a los músculos. Los suplementos de óxido nítrico pueden mejorar el rendimiento durante el ejercicio de alta intensidad y reducir la fatiga muscular.

Hidratos de carbono: Los hidratos de carbono son la principal fuente de energía para el cuerpo durante el ejercicio de intensidad moderada a alta. Los deportistas pueden tomar suplementos de carbohidratos antes o durante el ejercicio para aumentar los niveles de energía y retrasar la fatiga.

Hierbas y extractos: Algunas hierbas y extractos, como el ginseng y la rhodiola, se han demostrado que mejoran el rendimiento deportivo al aumentar la energía y la concentración.

Ácido fólico: El ácido fólico es importante para la producción de glóbulos rojos y la función cerebral. También puede ayudar a reducir el riesgo de enfermedades cardíacas en los deportistas.

Es importante recordar que los suplementos no son una solución mágica para mejorar el rendimiento deportivo y la salud. Una dieta saludable y equilibrada, junto con un entrenamiento adecuado, son la clave para mejorar el rendimiento y la salud en general. Los deportistas deben asegurarse de obtener suficientes nutrientes a través de su dieta y considerar los suplementos solo como un complemento a una dieta saludable y un estilo de vida activo. Además, es esencial que los deportistas compren sus suplementos de fuentes confiables y de calidad, y consulten a un profesional de la salud antes de tomar cualquier suplemento.

Suplementos de proteínas: Los suplementos de proteínas son uno de los suplementos dietéticos más populares entre los deportistas y personas activas físicamente. Estos suplementos vienen en diversas formas, como polvos, barras y bebidas, y se utilizan para aumentar la ingesta de proteínas en la dieta. Pero, ¿son necesarios o pueden ser obtenidos a través de la dieta?

La mayoría de los deportistas pueden obtener suficiente proteína a través de su dieta. Las fuentes de proteínas de alta calidad incluye carnes magras, aves de corral, pescado, huevos, productos lácteos bajos en grasa, legumbres y nueces.

Sin embargo, en algunos casos, puede ser difícil para los deportistas obtener suficiente proteína a través de su dieta. Por ejemplo, los veganos y vegetarianos pueden tener dificultades para obtener suficientes proteínas de fuentes vegetales. En estos casos, los suplementos de proteínas pueden ser útiles para aumentar la ingesta diaria de proteínas.

Los suplementos de proteínas también pueden ser convenientes para los deportistas que tienen dificultades para comer alimentos sólidos después de un entrenamiento intenso o competencia. Las bebidas de proteínas, por ejemplo, pueden ser más fáciles de digerir y absorber que las comidas sólidas.

Es importante tener en cuenta que los suplementos de proteínas no son necesarios para todos los deportistas y pueden ser costosos. El exceso de proteínas en la dieta puede tener efectos secundarios negativos en la salud, como daño renal y deshidratación.

Hay varios tipos de suplementos de proteínas disponibles en el mercado, cada uno con diferentes perfiles de aminoácidos y velocidades de absorción. Los más comunes son el suero de leche (whey), la caseína, la soja y las proteínas vegetales. El suero de leche es el suplemento de proteína más popular entre los deportistas debido a su alta calidad y velocidad de absorción rápida, lo que lo hace ideal para consumir después del ejercicio.

Sin embargo, es importante tener en cuenta que los suplementos de proteínas no deben ser utilizados como una fuente principal de proteínas en la dieta. Además, los suplementos de proteínas no deben ser utilizados para reemplazar comidas completas o como una forma de compensar una dieta pobre.

Suplementos de carbohidratos: Los suplementos de carbohidratos son comúnmente utilizados por deportistas de resistencia como una forma de aumentar la cantidad de carbohidratos en su dieta y así maximizar el rendimiento durante los entrenamientos y competencias. Son una fuente importante de energía para el cuerpo y son particularmente críticos para los deportistas de resistencia que necesitan mantener niveles óptimos de glucógeno muscular para mantener la energía durante períodos prolongados de actividad.

Los suplementos de carbohidratos se presentan en diferentes formas, incluyendo bebidas deportivas, geles y barritas energéticas. Estos productos pueden contener diferentes tipos de carbohidratos, como glucosa, fructosa, maltodextrina y sacarosa, y se pueden tomar antes, durante o después del ejercicio.

Para los deportistas de resistencia, la investigación ha demostrado que los suplementos de carbohidratos pueden ser beneficiosos para mejorar el rendimiento y retrasar la fatiga. A su vez, se ha demostrado que el consumo de carbohidratos durante el ejercicio prolongado puede mejorar el rendimiento y la capacidad de recuperación.

Sin embargo, es importante tener en cuenta que los suplementos de carbohidratos no son necesarios para todos los deportistas de resistencia y que una dieta equilibrada y variada que incluya fuentes naturales de carbohidratos es la mejor manera de obtener los nutrientes necesarios para un rendimiento óptimo.

Además, el consumo excesivo de suplementos de carbohidratos puede resultar en un exceso de calorías y un aumento de peso no deseado.

VII. Nutrición y rendimiento

La nutrición es un componente clave del rendimiento deportivo y puede influir en la capacidad de un deportista para entrenar, competir y recuperarse de manera efectiva. La nutrición adecuada puede ayudar a maximizar el rendimiento deportivo, reducir el riesgo de lesiones, mejorar la recuperación y mantener la salud en general.

En términos generales, los deportistas deben seguir una dieta equilibrada que proporcione suficientes calorías para satisfacer sus necesidades energéticas y nutrientes esenciales para mantener un cuerpo sano y en forma. Los macronutrientes, como los carbohidratos, las proteínas y las grasas, son fundamentales para la energía y la construcción muscular. Los micronutrientes, como las vitaminas y los minerales, son importantes para el mantenimiento de la salud en general y el apoyo a la función celular.

La nutrición adecuada también es importante antes, durante y después del ejercicio. Antes del ejercicio, es importante consumir suficientes carbohidratos para proporcionar energía para el entrenamiento o competición. Durante el ejercicio, los deportistas pueden beneficiarse de la ingesta de carbohidratos y electrolitos para mantener la energía y la hidratación adecuadas. Después del ejercicio, es importante consumir una combinación de carbohidratos y proteínas para ayudar a reparar y reconstruir el tejido muscular y reponer los nutrientes perdidos durante el ejercicio.

Los deportistas también pueden considerar el uso de suplementos nutricionales para complementar su dieta. Sin embargo, es importante recordar que los suplementos no deben ser utilizados como sustitutos de una dieta equilibrada y que deben ser consumidos en cantidades adecuadas a las necesidades individuales de cada deportista.

La nutrición es esencial para el rendimiento deportivo. Los alimentos que consume un atleta tienen un impacto directo en su capacidad para entrenar, competir y recuperarse después de una actividad física intensa. Una buena nutrición puede mejorar la resistencia, la fuerza, la velocidad, la agilidad y la capacidad mental, mientras que una mala nutrición puede tener efectos negativos en todos estos aspectos.

La nutrición es un componente clave para el rendimiento deportivo. La alimentación adecuada puede ayudar a los deportistas a mejorar su fuerza, resistencia, velocidad, agilidad y recuperación después del ejercicio. En este capítulo, exploremos cómo la nutrición puede afectar el rendimiento deportivo y cómo los deportistas pueden optimizar su alimentación para mejorar su desempeño.

La nutrición es esencial para el rendimiento deportivo porque los alimentos que consumimos proporcionan la energía necesaria para realizar la actividad física. Además, una alimentación adecuada puede mejorar la resistencia, la fuerza, la velocidad, la agilidad, la coordinación y la capacidad de recuperación después del ejercicio.

Para un deportista, una nutrición adecuada es esencial para:

Mejorar la energía: La energía necesaria para la actividad física proviene de los alimentos que consumimos. Una nutrición adecuada ayuda a proporcionar al cuerpo la energía necesaria para realizar el entrenamiento y la competencia.

Mejorar la recuperación: Después de un entrenamiento o una competencia, los músculos necesitan repararse y reconstruirse.

Mejorar la resistencia: Los carbohidratos son la principal fuente de energía para el cuerpo durante la actividad física..

Mejorar la fuerza: Las proteínas son esenciales para el crecimiento muscular y la reparación.

Mantener un peso saludable: La nutrición adecuada ayuda a mantener un peso saludable, lo que es importante para la salud general y el rendimiento deportivo.

La falta de nutrientes puede resultar en fatiga, debilidad muscular, disminución de la resistencia, lesiones y enfermedades, lo que puede afectar el rendimiento deportivo y la salud en general. Por otro lado, una dieta equilibrada y personalizada para cada deportista puede optimizar el rendimiento deportivo y ayudar a alcanzar metas específicas, como ganar masa muscular, perder grasa corporal o mejorar la recuperación después del ejercicio.

Es importante destacar que la nutrición deportiva no se trata solo de comer la cantidad correcta de calorías o macronutrientes (proteínas, carbohidratos y grasas), sino también de consumir micronutrientes esenciales, como vitaminas y minerales, que son importantes para el metabolismo energético, la recuperación muscular y la función inmunológica. Además, la hidratación adecuada también es crucial para mantener el rendimiento deportivo, ya que la deshidratación puede disminuir el rendimiento y aumentar el riesgo de lesiones.

Preparación para el entrenamiento y competición: qué comer antes, durante y después del ejercicio.

La preparación para el entrenamiento y la competición implica planificar cuidadosamente lo que se come antes, durante y después del ejercicio. Esto es especialmente importante para asegurar que los deportistas tengan suficiente energía para llevar a cabo sus entrenamientos y competiciones de manera efectiva, y también para recuperarse adecuadamente después del ejercicio.

Una parte clave de esta preparación es la nutrición adecuada, lo que significa proporcionar al cuerpo los nutrientes necesarios antes, durante y después del ejercicio.

I.   Antes del entrenamiento o competición:

Es importante comer una comida rica en carbohidratos de bajo índice glucémico, que se digiere lentamente y proporciona una liberación sostenida de energía durante el ejercicio.

Se recomienda comer una comida rica en carbohidratos alrededor de 3-4 horas antes del ejercicio, seguida de un pequeño refrigerio de carbohidratos alrededor de 30 minutos antes del ejercicio para mantener los niveles de energía.

También se debe incluir una cantidad moderada de proteína para ayudar a reparar y mantener los músculos, así como una pequeña cantidad de grasas saludables. Los alimentos que son ricos en carbohidratos de bajo índice glucémico incluyen frutas, verduras, avena, pan integral, arroz integral, pasta integral y legumbres.

Es importante evitar alimentos que sean altos en grasas y fibra, ya que pueden retrasar la digestión y causar malestar estomacal durante el ejercicio. También se debe asegurar de estar bien hidratado antes del ejercicio.

II. Durante el entrenamiento o competición:

Para los deportistas que realizan actividad física de larga duración (por ejemplo, corredores de maratón, ciclistas de larga distancia), es importante mantener los niveles de glucógeno muscular al consumir carbohidratos durante el ejercicio. Los deportistas pueden consumir bebidas deportivas que contienen carbohidratos y electrolitos para reemplazar los carbohidratos perdidos y mantenerse hidratados durante el ejercicio.

Para deportistas que realizan actividad física de corta duración e intensidad alta (por ejemplo, levantamiento de pesas, carreras de velocidad), la ingesta de carbohidratos durante el ejercicio puede no ser necesaria. En cambio, es importante mantenerse hidratado y consumir pequeñas cantidades de carbohidratos de alta calidad antes del ejercicio para asegurarse de tener suficiente energía disponible.

Durante el ejercicio, especialmente en deportes de resistencia, es importante reponer los niveles de energía y mantener la hidratación adecuada. Se recomienda consumir carbohidratos en forma de bebidas deportivas o geles energéticos durante el ejercicio para mantener los niveles de energía, y beber suficiente líquido para prevenir la deshidratación.

III. Después del entrenamiento o competición:

La nutrición post-ejercicio es importante para la recuperación muscular y la repleción de glucógeno muscular. Es importante consumir carbohidratos y proteínas en una relación de aproximadamente 3:1 o 4:1 dentro de los 30 minutos posteriores al ejercicio. Esto ayuda a reemplazar los carbohidratos perdidos durante el ejercicio y ayuda a reparar y construir músculo. Algunas opciones de alimentos post-entrenamiento incluyen batidos de proteínas, yogur con frutas, un sándwich de pavo en pan integral o una ensalada con pollo a la parrilla y verduras.

Después del ejercicio, es importante consumir una comida que contenga carbohidratos y proteínas para ayudar a reponer los niveles de energía y reparar el tejido muscular dañado durante el ejercicio. Se recomienda comer una comida rica en carbohidratos y proteínas dentro de las 2 horas posteriores al ejercicio para optimizar la recuperación y la adaptación al entrenamiento.

IV.   Lesiones deportivas

Las lesiones deportivas son comunes entre los atletas y pueden ocurrir en cualquier momento durante el entrenamiento o competición. Es importante que los deportistas sepan cómo la nutrición puede influir en la prevención y recuperación de lesiones.

Una lesión deportiva puede ser causada por muchos factores, como sobrecarga, fatiga, falta de flexibilidad, falta de fuerza y problemas de técnica. Para prevenir lesiones, es importante tener una dieta equilibrada que proporcione los nutrientes necesarios para mantener la salud ósea, muscular y articular.

Cuando los deportistas se lesionan, sus necesidades nutricionales pueden cambiar debido al aumento del estrés oxidativo y la inflamación, la disminución de la actividad física y la necesidad de reparar y regenerar el tejido lesionado.

La nutrición adecuada puede ayudar a prevenir lesiones deportivas al fortalecer los músculos y mantener los huesos sanos y fuertes. Las proteínas son especialmente importantes para la reparación y crecimiento muscular, mientras que los carbohidratos y las grasas proporcionan energía para el entrenamiento y la recuperación.

En caso de lesiones, la nutrición puede desempeñar un papel importante en la recuperación y reparación del tejido dañado. Una lesión puede provocar inflamación y daño oxidativo en los tejidos, lo que puede retrasar la curación. La nutrición puede ayudar a reducir la inflamación y el daño oxidativo mediante la inclusión de nutrientes antiinflamatorios y antioxidantes en la dieta.

Las vitaminas y minerales también son importantes para la recuperación de lesiones. El calcio y la vitamina D son esenciales para la salud ósea, mientras que la vitamina C es necesaria para la síntesis de colágeno, una proteína importante en la reparación del tejido conectivo. Los ácidos grasos omega-3 también pueden ayudar a reducir la inflamación y mejorar la curación.

También pueden beneficiarse de trabajar con un nutricionista deportivo para asegurarse de que su dieta esté optimizada para la recuperación.

Aquí hay algunos consejos de nutrición para ayudar en la recuperación de lesiones deportivas:

Consumir suficiente proteína: La proteína es esencial para la reparación y regeneración del tejido muscular y para la producción de enzimas y hormonas necesarias para la recuperación. Se recomienda consumir al menos 1.2-1.6 gramos de proteína por kilogramo de peso corporal al día.

Consumir suficientes calorías: Cuando se lesionan, los deportistas pueden necesitar reducir su actividad física, lo que puede disminuir sus necesidades calóricas diarias. Sin embargo, no se debe reducir demasiado las calorías, ya que el cuerpo necesita suficientes nutrientes para reparar el tejido lesionado y mantener la función del sistema inmunológico.

Consumir alimentos antiinflamatorios: Los alimentos ricos en antioxidantes, como frutas y verduras, pueden ayudar a reducir la inflamación en el cuerpo. Los ácidos grasos omega-3, que se encuentran en pescados grasos como el salmón y el atún, también pueden tener propiedades antiinflamatorias.

Asegurarse de consumir suficientes vitaminas y minerales: Las vitaminas y los minerales son esenciales para la reparación del tejido y la regeneración celular. Las vitaminas C y E, por ejemplo, son antioxidantes que pueden ayudar a reducir la inflamación y promover la curación. El hierro y el calcio también son importantes para la reparación del tejido.

Hidratación adecuada: La hidratación es importante para mantener la función celular y mantener la circulación sanguínea adecuada para transportar nutrientes y oxígeno al tejido lesionado. Se recomienda consumir al menos 2 litros de agua al día y más si se realiza actividad física.

Nutrición para lesiones específicas, como lesiones en ligamentos, tendones y huesos

Las lesiones deportivas pueden ser muy variadas y afectar diferentes partes del cuerpo, como ligamentos, tendones y huesos. Dependiendo de la gravedad de la lesión, el tiempo de recuperación puede variar desde unos pocos días hasta varias semanas o meses. Con la nutrición adecuada puede ayudar en el proceso de curación y recuperación.

Lesiones en ligamentos: Las lesiones en los ligamentos, como los ligamentos de la rodilla, son comunes en deportes que involucran cambios rápidos de dirección o saltos. Para promover la curación de los ligamentos, es importante consumir alimentos ricos en vitamina C, que ayuda en la producción de colágeno, y proteínas para la reparación del tejido. Los alimentos ricos en vitamina C incluyen cítricos, fresas, pimientos rojos, kiwi y brócoli. Las proteínas se pueden encontrar en carnes magras, pescado, huevos, legumbres y productos lácteos.

Lesiones en tendones: Los tendones son tejidos fibrosos que conectan los músculos con los huesos, pueden ser causadas por sobrecarga o lesiones agudas. Para promover la curación de los tendones, se requiere una ingesta adecuada de proteínas, vitaminas B y vitamina C. Aparte, los suplementos de glucosamina y condroitina pueden ser útiles para la regeneración del tejido del tendón. Los alimentos ricos en vitamina B incluyen carnes magras, pescado, nueces y granos enteros.

Lesiones en huesos: Las lesiones en los huesos, como las fracturas, pueden ser debilitantes y requerir un tiempo prolongado para la recuperación. Se recomienda consumir suficiente calcio, vitamina D y proteínas para la salud ósea. Los alimentos ricos en calcio incluyen productos lácteos, sardinas enlatadas, tofu y verduras de hoja verde. La vitamina D se puede obtener a través de la exposición al sol y se encuentra en alimentos como pescado graso y yemas de huevo.

El zinc también es importante para la reparación de tejidos y la síntesis de colágeno. Los alimentos ricos en zinc incluyen carnes, nueces y semillas, y granos enteros.

En el caso de lesiones óseas, la ingesta adecuada de calcio es esencial para la salud ósea y la reparación de fracturas. Los alimentos ricos en calcio incluyen productos lácteos, verduras de hoja verde y pescados como el salmón enlatado.

VIII. Nutrición para deportistas vegetarianos y veganos

La nutrición es especialmente importante para los deportistas vegetarianos y veganos, ya que estos grupos de personas corren el riesgo de no obtener suficientes nutrientes esenciales para el rendimiento deportivo. Una dieta vegetariana o vegana bien planificada puede proporcionar todos los nutrientes necesarios para el rendimiento deportivo, pero es importante estar al tanto de las deficiencias nutricionales comunes.

Cada vez más deportistas eligen seguir una dieta vegetariana o vegana por razones éticas, de salud o medioambientales. Sin embargo, seguir una dieta vegana o vegetariana puede presentar algunos desafíos en cuanto a la obtención de suficientes nutrientes importantes para el rendimiento deportivo. Es importante que los deportistas vegetarianos y veganos planifiquen su dieta cuidadosamente para asegurarse de obtener todos los nutrientes necesarios para un óptimo rendimiento deportivo.

Para los deportistas vegetarianos y veganos, es importante planificar cuidadosamente su dieta para asegurarse de que están recibiendo todos los nutrientes necesarios para mantener su salud y apoyar su rendimiento deportivo. A continuación, se detallan algunos de los nutrientes clave a tener en cuenta en una dieta vegetariana o vegana para deportistas:

Proteínas: una preocupación común para los deportistas vegetarianos y veganos es la ingesta adecuada de proteínas. Las fuentes de proteínas vegetales incluyen frijoles, lentejas, nueces, semillas y productos de soja como el tofu y el tempeh. Se debe consumir una variedad de fuentes de proteínas vegetales para obtener todos los aminoácidos esenciales necesarios para la reparación y el crecimiento muscular. Los deportistas vegetarianos y veganos también pueden considerar la suplementación con proteína de guisante, arroz integral o soja para asegurarse de que están recibiendo suficientes proteínas.

Hierro: Las fuentes vegetarianas de hierro incluyen verduras de hojas verdes, frijoles, lentejas, nueces y semillas. La absorción de hierro vegetal puede mejorarse al consumir alimentos ricos en vitamina C, como cítricos, pimientos y brócoli, junto con las fuentes de hierro.

Calcio: las fuentes vegetarianas de calcio incluyen verduras de hojas verdes, almendras, leches vegetales fortificadas, tofu y productos de soja. Los deportistas vegetarianos y veganos deben asegurarse de obtener suficiente calcio para mantener huesos fuertes y prevenir lesiones.

Vitamina B12: Se encuentra principalmente en alimentos de origen animal, por lo que los deportistas vegetarianos y veganos pueden tener dificultades para obtener suficiente de esta vitamina. Los suplementos de B12 son una buena opción para los deportistas vegetarianos y veganos.

Ácidos grasos omega-3: las fuentes vegetarianas de ácidos grasos omega-3 incluyen semillas de chía, semillas de lino y nueces. Los deportistas vegetarianos y veganos pueden considerar la suplementación con aceite de algas para asegurarse de obtener suficientes ácidos grasos.

Es de considerar prestar atención a la cantidad de calorías que consumes en una dieta basada en plantas. Aunque los alimentos vegetales tienden a ser más bajos en calorías que los alimentos de origen animal, aún es posible comer demasiadas calorías si consumes demasiados alimentos procesados y ricos en grasas y azúcares.

No se debe descuidar la variedad en una dieta basada en plantas. Al igual que con cualquier dieta, es importante asegurarse de comer una variedad de alimentos para obtener una amplia gama de nutrientes. Intenta experimentar con nuevos alimentos y recetas para mantener la variedad en tu dieta.

Por último, una dieta basada en plantas no tiene que ser absoluta. Si bien algunas personas optan por una dieta vegana o vegetariana estricta, otras pueden seguir una dieta basada en plantas pero permiten ciertos alimentos de origen animal de vez en cuando. La clave es encontrar un equilibrio que funcione para ti y tu estilo de vida.

Fuentes de proteínas, hierro, calcio y otros nutrientes clave en una dieta vegetariana o vegana.

Cuando se sigue una dieta vegetariana o vegana, puede ser preocupante asegurarse de obtener suficientes proteínas, hierro, calcio y otros nutrientes clave. Sin embargo, hay muchas fuentes de estos nutrientes en una dieta basada en plantas.

Fuentes de proteínas vegetales

- Hay muchas fuentes vegetales de proteínas, incluyendo:

- Legumbres (frijoles, garbanzos, lentejas, guisantes).

- Tofu y otros productos de soja.

- Frutos secos y semillas (almendras, nueces, pistachos, semillas de girasol, semillas de calabaza).

- Granos enteros (quinoa, arroz integral, avena, cebada).

- Verduras de hojas verdes (espinacas, acelgas, col rizada).

- Fuentes de hierro vegetal.

- El hierro se encuentra en muchos alimentos de origen vegetal, incluyendo:

- Legumbres (frijoles, garbanzos, lentejas, guisantes).

- Verduras de hojas verdes (espinacas, acelgas, col rizada).

- Frutos secos y semillas (almendras, nueces, pistachos, semillas de calabaza).

- Cereales fortificados con hierro.

- Tofu y otros productos de soja.

Cabe recordar que el hierro vegetal no se absorbe tan fácilmente como el hierro de origen animal. Para mejorar la absorción de hierro vegetal, es importante comer alimentos ricos en vitamina C junto con alimentos ricos en hierro.

Fuentes de calcio vegetal

- El calcio se encuentra en muchos alimentos de origen vegetal, incluyendo:

- Verduras de hojas verdes (espinacas, col rizada, acelgas, brócoli).

- Tofu hecho con sulfato de calcio.

- Cereales fortificados con calcio.

- Leches vegetales fortificadas (soja, almendra, avena, arroz).

La vitamina D se encuentra en pequeñas cantidades en algunos alimentos vegetales, como los hongos. Si no estás recibiendo suficiente vitamina D a través de la exposición al sol, puedes considerar tomar un suplemento.

Otros nutrientes clave en una dieta vegetariana o vegana.

Frutas y verduras.

- Legumbres (frijoles, garbanzos, lentejas, guisantes).

-

- Granos enteros (quinoa, arroz integral, avena, cebada).

-

- Frutos secos y semillas (almendras, nueces, pistachos, semillas de girasol, semillas de calabaza).

-

- Productos de soja (tofu, tempeh, leche de soja).

IX. Consejos prácticos para la nutrición adecuada

La nutrición deportiva es un aspecto clave para maximizar el rendimiento físico y mantener una buena salud durante el ejercicio. Aquí hay algunos consejos prácticos para la nutrición deportiva:

Controlar el tamaño de las porciones: controlar el tamaño de las porciones es importante para asegurarse de consumir la cantidad adecuada de nutrientes sin sobrecargar el cuerpo. Utiliza herramientas como tazas medidoras y básculas de cocina para controlar el tamaño de las porciones.

Planificar comidas y refrigerios: planificar comidas y refrigerios antes y después del ejercicio puede ayudar a asegurarse de consumir los nutrientes necesarios para el rendimiento y la recuperación adecuados.

Evitar alimentos procesados y azúcares añadidos: los alimentos procesados y ricos en azúcares añadidos pueden ser bajos en nutrientes y proporcionar energía rápida pero insostenible. En su lugar, opta por alimentos enteros y naturales.

Consultar con un profesional de la salud capacitado: si tienes preocupaciones específicas sobre la nutrición deportiva, como la necesidad de una dieta personalizada o la suplementación.

Siguiendo estos consejos prácticos de nutrición deportiva, puedes asegurarte de obtener los nutrientes necesarios para maximizar tu rendimiento físico y mantener una buena salud durante el ejercicio.

Tiempo de las comidas: es importante planificar las comidas y los refrigerios antes y después del ejercicio para asegurarse de tener suficiente energía para el ejercicio y para recuperarse adecuadamente después. Se recomienda consumir una comida o refrigerio que contenga carbohidratos y proteínas dentro de los 30 minutos posteriores al ejercicio para ayudar a reparar y construir músculo.

Alimentos pre-entrenamiento: consumir alimentos que contengan carbohidratos antes del ejercicio puede ayudar a proporcionar energía sostenible durante el ejercicio. Se recomienda consumir una comida o refrigerio que contenga carbohidratos de fácil digestión, como frutas o granos enteros, al menos 1-2 horas antes del ejercicio.

Consejos para planificar y preparar comidas saludables.

Planificar y preparar comidas saludables puede parecer abrumador al principio, pero con algunos consejos útiles y un poco de organización, puede ser una tarea fácil y satisfactoria. Aquí hay algunos consejos para planificar y preparar comidas saludables:

Haz una lista de compras: antes de ir al supermercado, haz una lista de los alimentos saludables que necesitas. Esto te ayudará a evitar comprar alimentos procesados y tentadores que no son saludables para ti. Es buena idea planificar tus comidas para la semana para asegurarte de tener todos los ingredientes necesarios.

Cocina en casa: cocinar en casa te permite controlar los ingredientes y la calidad de tus comidas. Puedes usar ingredientes frescos y saludables y limitar la cantidad de sal, azúcar y grasas saturadas que consumes.

Planifica tus comidas con anticipación: planificar tus comidas con anticipación te ayudará a ahorrar tiempo y asegurarte de tener comidas listas para cuando tengas hambre. Puedes planificar tus comidas semanalmente o incluso mensualmente, y preparar ingredientes como arroz, frijoles y verduras con anticipación.

Usa alimentos frescos y de temporada: los alimentos frescos y de temporada son más económicos y generalmente tienen un mejor sabor. Además, son más saludables porque contienen más nutrientes.

Controla las porciones: controlar las porciones es importante para mantener una dieta equilibrada. Usa una báscula de cocina o una taza medidora para asegurarte de estar comiendo las porciones correctas.

Aprende a leer las etiquetas de los alimentos: Esto te ayudará a hacer elecciones más saludables. Busca alimentos con menos sodio, grasas saturadas y azúcar agregada.

Experimenta con nuevas recetas: experimentar con nuevas recetas te permitirá descubrir nuevos alimentos y formas de prepararlos. Intenta encontrar recetas saludables y sabrosas que puedas disfrutar, y modificarlas según tus preferencias.

Prepara comidas en grandes cantidades: preparar comidas en grandes cantidades te ahorrará tiempo y te permitirá tener comidas saludables a mano cuando no tengas tiempo para cocinar. Puedes preparar sopas, guisos, chiles y otras comidas en grandes cantidades y congelarlas en porciones para usar más tarde.

Usa especias y hierbas frescas: usar especias y hierbas frescas en tus comidas puede agregar sabor sin agregar calorías adicionales.

Mantén alimentos saludables a mano: mantener alimentos saludables a mano te ayudará a resistir la tentación de comer alimentos poco saludables. Ten frutas frescas, vegetales crudos, nueces y semillas a mano para picar cuando tengas hambre.

Haz comidas simples: las comidas simples pueden ser igual de saludables que las comidas elaboradas. No te sientas presionado para cocinar platos complicados, ya que a veces las comidas más simples pueden ser más sabrosas y saludables.

Prepara comidas balanceadas: asegúrate de incluir una variedad de alimentos en tus comidas para obtener todos los nutrientes necesarios. Una comida balanceada debe incluir una porción de proteína, una porción de carbohidratos complejos, una porción de verduras y una porción de grasas saludables.

Congela las sobras: Si tienes sobras después de una comida, puedes congelarlas en porciones para usar más tarde. De esta manera, no se desperdicia comida y tendrás comidas saludables listas cuando no tengas tiempo para cocinar.

Haz un seguimiento de lo que comes: hacer un seguimiento de lo que comes puede ayudarte a identificar patrones y hacer cambios en tu dieta si es necesario. Hay muchas aplicaciones y sitios web que pueden ayudarte con esto.

Busca inspiración en línea: hay muchas páginas web, blogs y cuentas de redes sociales que ofrecen inspiración y recetas saludables. Busca nuevas ideas y experimenta con diferentes alimentos y sabores para mantener tu dieta saludable y variada.

Consejos para comprar alimentos saludables y asequibles.

Comprar alimentos saludables y asequibles puede parecer un desafío, pero con algunos consejos prácticos puedes encontrar opciones saludables y asequibles en el supermercado. Aquí te presentamos algunos consejos para comprar alimentos saludables y asequibles:

Haz una lista de compras: antes de ir al supermercado, haz una lista de los alimentos que necesitas comprar. Esto te ayudará a evitar compras innecesarias y te mantendrá enfocado en los alimentos saludables que necesitas.

Compra alimentos de temporada: los alimentos de temporada suelen ser más asequibles y están en su mejor momento en cuanto a sabor y calidad.

Compra alimentos a granel: comprar alimentos a granel, como granos, legumbres, nueces y semillas, puede ser más asequible que comprar paquetes individuales.

Compra marcas de tiendas: las marcas de tiendas a menudo son más asequibles que las marcas populares y pueden ser igual de nutritivas y sabrosas. Verifica las etiquetas nutricionales para asegurarte de que estás comprando productos saludables.

Compra frutas y verduras congeladas: las frutas y verduras congeladas pueden ser una alternativa saludable y asequible a las frutas y verduras frescas, los alimentos congelados son fáciles de almacenar y duran más que los frescos.

Compra alimentos de proteína vegetal: las proteínas vegetales, como las legumbres, el tofu y la tempeh, son más asequibles que las proteínas animales.

Verifica las ofertas y promociones: revisa las ofertas y promociones del supermercado para encontrar descuentos en alimentos saludables.

Evita los alimentos procesados: los alimentos procesados a menudo son más caros que los alimentos frescos y pueden ser menos saludables debido a los aditivos y conservantes añadidos.

Compra en tiendas de alimentos saludables: aunque las tiendas de alimentos saludables a menudo tienen precios más altos que los supermercados convencionales, puedes encontrar descuentos en productos a granel o productos de marca propia. Así mismo, las tiendas de alimentos saludables suelen tener una amplia variedad de alimentos orgánicos y de origen local, que pueden ser más nutritivos y sostenibles.

Compra alimentos enlatados o en conserva: los alimentos enlatados o en conserva pueden ser una opción asequible y saludable, especialmente para alimentos fuera de temporada. Los alimentos enlatados o en conserva como los frijoles, las frutas y las verduras, son una fuente conveniente de nutrientes y suelen ser más económicos que los alimentos frescos.

Evita los alimentos precortados: los alimentos precortados como frutas, verduras y ensaladas pueden ser más convenientes, pero también son más costosos. Opta por comprar los alimentos enteros y prepararlos en casa para ahorrar dinero.

Compra alimentos en grandes cantidades: comprar alimentos en grandes cantidades, como arroz, pasta o cereales, puede ser una forma económica de ahorrar dinero en tus compras de alimentos, puedes almacenar estos alimentos en contenedores herméticos para mantenerlos frescos y utilizarlos en varias comidas.

Lee las etiquetas de los alimentos: es importante leer las etiquetas de los alimentos para asegurarte de que estás comprando alimentos saludables y nutritivos. Verifica la cantidad de grasas saturadas, sodio y azúcar, y asegúrate de que los alimentos que compras contienen suficientes vitaminas y minerales esenciales.

Consejos para comer en restaurantes y durante los viajes.

Comer fuera de casa puede ser un desafío para aquellos que intentan mantener una dieta saludable, ya sea que estén en un restaurante o de viaje. Aquí hay algunos consejos para ayudarte a mantener una alimentación saludable mientras comes fuera de casa:

Investiga antes de ir: Si planeas comer en un restaurante en particular, revisa su menú en línea con anticipación para que puedas elegir opciones más saludables antes de llegar. Muchos restaurantes ahora ofrecen opciones vegetarianas, veganas y sin gluten que pueden ser opciones saludables.

Controla tus porciones: Los tamaños de las porciones en los restaurantes suelen ser más grandes de lo que necesitas. Trata de pedir una porción más pequeña o comparte una comida con alguien. También puedes pedir que te envíen a casa lo que no te comiste para tener una comida saludable para el día siguiente.

Elige opciones saludables: Opta por comidas a base de plantas y evita los alimentos fritos o empanizados. Elige opciones de proteínas magras como pollo, pescado o frijoles. También puedes pedir que tu comida sea cocinada a la parrilla o al horno en lugar de frita.

Pide aderezos y salsas por separado: a menudo, las salsas y aderezos son ricos en calorías, grasas y sodio. Pide que te los sirvan por separado y añade solo la cantidad que necesites para dar sabor a tu comida.

Evita las bebidas azucaradas: opta por agua, té sin azúcar o agua con gas. Las bebidas azucaradas como los refrescos o los jugos pueden aumentar el consumo de calorías y azúcar.

Lleva contigo bocadillos saludables: cuando estás viajando, puede ser difícil encontrar opciones saludables de alimentos. Lleva contigo bocadillos saludables como frutas, nueces o barras de proteína para evitar tentaciones poco saludables.

Evita el pan y la mantequilla: muchas veces, los restaurantes sirven pan y mantequilla antes de la comida, pero estas opciones suelen ser altas en calorías y grasas. Si no puedes resistir la tentación, trata de limitar la cantidad que consumes.

Añade vegetales: asegúrate de incluir vegetales en tu comida, ya sea como plato principal o como acompañamiento. Pide una ensalada o una guarnición de verduras. Esto te ayudará a agregar nutrientes y fibra a tu comida y te mantendrá lleno por más tiempo.

No te saltes las comidas: a veces, cuando estamos fuera de casa, nos saltamos comidas o picamos alimentos poco saludables porque no podemos encontrar opciones saludables. Trata de no saltarte comidas y, si es posible, planifica tus comidas con anticipación para evitar tentaciones poco saludables.

Pide modificaciones: si no encuentras opciones saludables en el menú, no tengas miedo de pedir modificaciones. Pide que te cambien los ingredientes o que te sirvan una opción más saludable.

Controla el consumo de alcohol: el alcohol puede aumentar el consumo de calorías y afectar negativamente tu dieta y tus objetivos de salud. Trata de limitar tu consumo de alcohol o elige opciones más saludables como vino tinto o cerveza ligera.

I. Mitos y verdades sobre la nutrición en el deporte

La nutrición deportiva es un tema que ha sido objeto de muchos mitos y verdades a lo largo de los años. Aquí te presentamos algunos de los mitos y verdades más comunes sobre la nutrición deportiva.

Mito: Necesitan proteína extra para ganar músculo.

Verdad: Si bien la proteína es importante para la reparación y el crecimiento muscular, la mayoría de las personas que hacen ejercicio tienen suficiente proteína de su dieta diaria. No es necesario consumir grandes cantidades de proteína para ganar músculo. La cantidad recomendada de proteína diaria para una persona promedio es de aproximadamente 0,8 gramos por kilogramo de peso corporal.

Mito: Los carbohidratos son malos para ti.

Verdad: Los carbohidratos son una fuente importante de energía para el cuerpo y son esenciales para una dieta saludable. Es importante elegir carbohidratos saludables como frutas, verduras y granos integrales en lugar de carbohidratos procesados y azúcares añadidos.

Mito: Las grasas son malas para ti.

Verdad: Las grasas son una fuente importante de energía y son necesarias para una dieta saludable. Es importante elegir grasas saludables como aceite de oliva, aguacate y nueces en lugar de grasas saturadas y trans.

Mito: Necesitas suplementos para ser un atleta exitoso.

Verdad: La mayoría de las personas que hacen ejercicio pueden obtener los nutrientes que necesitan de su dieta diaria. Si bien los suplementos pueden ser beneficiosos en algunos casos, como cuando se trata de reemplazar los nutrientes perdidos durante el ejercicio intenso, no son necesarios para la mayoría de las personas.

Mito: Necesitas comer una gran cantidad de proteína antes del ejercicio.

Verdad: No es necesario comer una gran cantidad de proteína antes del ejercicio. De hecho, comer una gran cantidad de proteína puede dificultar la digestión y hacer que te sientas pesado durante el ejercicio. Es mejor comer una comida equilibrada que incluya proteínas, carbohidratos y grasas saludables unas horas antes del ejercicio.

Mito: Debes evitar los carbohidratos después del ejercicio.

Verdad: Después del ejercicio, es importante comer carbohidratos para reponer el glucógeno muscular, que es la principal fuente de energía del cuerpo durante el ejercicio. Comer carbohidratos después del ejercicio también puede ayudar a mejorar la recuperación muscular.

Mito: Necesitas tomar bebidas deportivas para rehidratar después del ejercicio.

Verdad: Mientras que las bebidas deportivas pueden ser útiles para reemplazar los electrolitos perdidos durante el ejercicio intenso, la mayoría de las personas pueden rehidratarse adecuadamente simplemente bebiendo agua después del ejercicio.

Mito: Las dietas veganas y vegetarianas no proporcionan suficientes nutrientes para los atletas.

Verdad: Si bien puede ser un desafío obtener suficientes proteínas y otros nutrientes en una dieta vegana o vegetariana, es posible hacerlo a través de la planificación adecuada de comidas y la inclusión de fuentes de proteínas vegetales como legumbres, nueces y semillas, y productos de soja. Es importante asegurarse de obtener suficientes nutrientes clave como hierro, calcio y vitamina B12 a través de suplementos o alimentos fortificados.

Mito: Debes comer inmediatamente después del ejercicio para obtener los máximos beneficios.

Verdad: Si bien es importante reponer los nutrientes después del ejercicio, no es necesario comer inmediatamente después. El cuerpo tiene un período de tiempo de varias horas para absorber los nutrientes, por lo que puedes tomar tu tiempo para comer una comida nutritiva después del ejercicio.

Mito: Debes evitar comer grasas si estás tratando de perder peso y mejorar tu rendimiento deportivo.

Verdad: Las grasas son una parte importante de una dieta saludable y son esenciales para la función celular y la producción de hormonas. Sin embargo, es importante elegir grasas saludables como aguacates, nueces, semillas y aceites saludables como el aceite de oliva y evitar las grasas trans y saturadas.

Mito: La suplementación es esencial para mejorar el rendimiento deportivo.

Verdad: Si bien algunos suplementos pueden ser útiles para mejorar el rendimiento, la mayoría de las personas pueden obtener los nutrientes necesarios a través de una dieta saludable y equilibrada. Además, algunos suplementos pueden ser peligrosos o tener efectos secundarios no deseados, por lo que es importante hablar con un profesional de la salud antes de tomar cualquier suplemento.

Mito: Necesitas comer grandes cantidades de alimentos antes del ejercicio para obtener energía.

Verdad: Si bien es importante comer antes del ejercicio para obtener energía, no es necesario comer grandes cantidades. Comer una comida o un refrigerio ligero que contenga carbohidratos complejos y proteínas magras puede ser suficiente para proporcionar energía para el ejercicio.

Mito: Las dietas sin gluten son más saludables para los atletas.

Verdad: A menos que tengas una enfermedad celíaca o sensibilidad al gluten, no hay beneficios para la salud de evitar el gluten en la dieta deportiva. Además, las dietas sin gluten pueden ser deficientes en ciertos nutrientes, como la fibra y el hierro, si no se planifican adecuadamente.

Mito: Las bebidas energéticas son una forma segura y efectiva de mejorar el rendimiento deportivo.

Verdad: Si bien las bebidas energéticas pueden proporcionar un impulso temporal de energía, también pueden contener altos niveles de cafeína y azúcar, lo que puede ser perjudicial para la salud. Es importante leer las etiquetas de los alimentos y bebidas cuidadosamente y limitar el consumo de bebidas energéticas en ocasiones especiales.

Mito: Las dietas bajas en carbohidratos son la mejor manera de perder peso.

Verdad: Si bien las dietas bajas en carbohidratos pueden ayudar a perder peso en el corto plazo, no son sostenibles a largo plazo y pueden causar problemas de salud a largo plazo. Los carbohidratos son una fuente importante de energía para el cuerpo, y reducir drásticamente la ingesta de carbohidratos puede afectar negativamente el rendimiento deportivo y la salud en general.

X.   Recetas recomendadas

La nutrición es una parte esencial del rendimiento deportivo, y comer los alimentos adecuados en las proporciones correctas puede marcar una gran diferencia en el éxito de un atleta. A continuación, se presentan algunas recetas saludables y sabrosas para deportistas:

Batido de proteínas de frutas: mezcle 1 taza de fresas congeladas, 1 plátano, 1 taza de leche de almendras sin azúcar y 1 cucharada de proteína de suero de vainilla en una licuadora hasta que quede suave. Este batido es una excelente opción para un desayuno rápido y fácil antes del entrenamiento.

Tazón de acai: mezcle 1 paquete de acai congelado, 1/2 taza de leche de almendras sin azúcar, 1 plátano y 1 cucharada de proteína de suero de vainilla en una licuadora hasta que quede suave. Sirva en un tazón y cubra con granola, frutas frescas y mantequilla de almendras para obtener un desayuno saludable y energizante.

Ensalada de quinoa: mezcle 1 taza de quinoa cocida con 1/2 taza de garbanzos cocidos, 1/2 pepino cortado en cubitos, 1/2 pimiento rojo cortado en cubitos y 1/4 taza de cebolla roja picada. Para el aderezo, mezcle 2 cucharadas de aceite de oliva, 1 cucharada de vinagre de sidra de manzana, 1 cucharada de jugo de limón fresco y 1/4 cucharadita de comino molido. Sirva frío para un almuerzo nutritivo y satisfactorio.

Pollo al horno con verduras: corte 2 pechugas de pollo en trozos y colócalas en una bandeja para hornear. Agregue 1 taza de zanahorias en rodajas, 1 taza de brócoli en trozos y 1/2 cebolla roja cortada en trozos. Rocíe con 1 cucharada de aceite de oliva y sazone con sal y pimienta al gusto. Hornee a 400 grados F durante 20-25 minutos o hasta que el pollo esté cocido y las verduras estén tiernas. Este plato es una excelente opción para la cena después de un entrenamiento intenso.

Batido de recuperación de chocolate y mantequilla de almendras: mezcle 1 taza de leche de almendras sin azúcar, 1 cucharada de mantequilla de almendras, 1 cucharada de cacao en polvo sin azúcar y 1/2 plátano en una licuadora hasta que quede suave. Agregue hielo y mezcle nuevamente. Este batido es una excelente opción para la recuperación muscular después del ejercicio.

Estas son solo algunas recetas saludables y deliciosas que pueden ayudar a los deportistas a satisfacer sus necesidades nutricionales y mejorar su rendimiento. Es importante recordar que cada atleta tiene necesidades nutricionales individuales, por lo que es fundamental trabajar con un profesional de la nutrición.

Batido de proteínas: Este batido es perfecto para después de un entrenamiento ya que ayuda a reparar y construir músculos. Mezcla en una licuadora una taza de leche de almendras, una banana, una cucharada de mantequilla de maní y una cucharada de polvo de proteína de suero de leche. Agrega hielo y mezcla hasta que esté suave.

Ensalada de quinoa y garbanzos: Esta ensalada es rica en proteínas y fibra, lo que la convierte en una excelente opción para el almuerzo o la cena. Enjuaga una taza de quinoa y cocina según las instrucciones del paquete. En un tazón grande, mezcla la quinoa cocida con una lata de garbanzos enjuagados y escurridos, tomates cherry cortados por la mitad, pepino, pimiento rojo y cebolla roja picados. Agrega jugo de limón fresco, aceite de oliva y sal y pimienta al gusto.

Tortilla de verduras y queso: Esta tortilla es una excelente opción para el desayuno o el almuerzo y es fácil de personalizar con tus verduras y queso favoritos. En un tazón grande, bate tres huevos y agrega sal y pimienta al gusto. En una sartén antiadherente a fuego medio, agrega una taza de verduras picadas de tu elección y saltea hasta que estén tiernas. Agrega los huevos batidos a la sartén y espolvorea con una taza de queso rallado. Cocina hasta que la tortilla esté firme y dorada por ambos lados.

Pollo al horno con verduras: Este plato es fácil de preparar y es una excelente opción para una cena saludable y satisfactoria. Precalienta el horno a 200 grados Celsius. En una bandeja para hornear, agrega pechugas de pollo y verduras de tu elección, como brócoli, zanahorias y calabacines. Rocía con aceite de oliva y sazona con sal, pimienta y hierbas frescas como romero o tomillo. Hornea durante unos 20-25 minutos o hasta que el pollo esté cocido y las verduras estén tiernas.

Batido de frutas: Este batido es una excelente opción para un desayuno rápido y fácil o un refrigerio después del entrenamiento. Mezcla en una licuadora una taza de leche de almendras, una taza de fresas congeladas, una banana y una cucharada de miel. Agrega hielo y mezcla hasta que esté suave.

Ensalada de quinoa y aguacate:

La quinoa es una excelente fuente de proteínas y carbohidratos complejos, mientras que el aguacate proporciona grasas saludables. Para preparar la ensalada, cocine la quinoa según las instrucciones del paquete y deje enfriar. Agregue aguacate en cubos, tomates cherry, pepino, cebolla roja, pimiento y un aderezo de aceite de oliva, limón y sal. Mezcle bien y sirva frío.

Batido de proteínas de frutas y yogur:

Este batido es perfecto para tomar después del entrenamiento, ya que proporciona proteínas para ayudar en la recuperación muscular. Mezcle en una licuadora 1 taza de yogur griego sin azúcar, 1 taza de frutas congeladas (por ejemplo, fresas, mango y plátano) y 1 cucharada de miel o jarabe de arce. Agregue leche o agua para diluir la mezcla si es necesario.

Wrap de pollo y aguacate:

Este wrap es fácil de preparar y es una excelente opción para una comida rápida. Cocine una pechuga de pollo y córtala en tiras. Agregue aguacate, lechuga, tomate y queso en un wrap de trigo integral. Agregue una cucharada de salsa de yogur y enrolle el wrap.

Ensalada de huevo y espinacas:

Los huevos son una excelente fuente de proteínas y la espinaca proporciona vitaminas y minerales esenciales. Cocine dos huevos duros y córtalos en cubos. Mezcle con espinacas, tomate cherry, queso feta y un aderezo de vinagreta de mostaza. Sirva frío.

Burrito de frijoles y arroz integral: Este burrito vegetariano es rico en proteínas y carbohidratos complejos. Cocine arroz integral según las instrucciones del paquete y agregue frijoles negros, aguacate, queso rallado, salsa y cilantro. Coloque la mezcla en un wrap de trigo integral y enrolle.

Estas recetas son fáciles de preparar y proporcionan los nutrientes necesarios para una dieta saludable y equilibrada para los deportistas. Además, pueden adaptarse a las preferencias individuales y modificarse según las necesidades de cada persona.

Aquí hay algunas recetas adicionales saludables y fáciles:

Tazón de batido de avena y plátano:

- Ingredientes:
- 1 plátano maduro.
- 1/2 taza de avena.
- 1/2 taza de leche de almendras sin azúcar.
- 1 cucharada de mantequilla de maní.
- 1 cucharadita de miel.
- 1 cucharadita de semillas de chía.

Instrucciones:

En una licuadora, combine el plátano, la avena, la leche de almendras, la mantequilla de maní y la miel.

Mezcle hasta que esté suave.

Vierta en un tazón y espolvoree las semillas de chía por encima.

Ensalada de quinoa con aguacate:

Ingredientes:

- 1 taza de quinoa cocida.
- 1/2 taza de frijoles negros enlatados, escurridos y enjuagados.

- 1/2 aguacate, picado.
- 1/4 taza de cilantro picado.
- 1/4 taza de cebolla roja picada.
- 1 tomate mediano, picado.
- 1 cucharada de jugo de limón.
- Sal y pimienta al gusto.

Instrucciones:

En un tazón grande, combine la quinoa, los frijoles negros, el aguacate, el cilantro, la cebolla roja y el tomate.

Agregue el jugo de limón y sazone con sal y pimienta al gusto.

Mezcle bien y sirva.

Barritas energéticas de avena y manzana

Ingredientes:

- 1 taza de avena.
- 1/2 taza de mantequilla de maní.
- 1/4 taza de miel.
- 1 manzana, pelada y rallada.
- 1 cucharadita de canela.

Instrucciones:

Precaliente el horno a 350 grados F (175 grados C) y cubra una bandeja para hornear con papel pergamino.

En un tazón grande, combina la avena, la mantequilla de maní, la miel, la manzana rallada y la canela.

Mezcle bien hasta que todos los ingredientes estén bien combinados.

Vierta la mezcla en la bandeja para hornear preparada y extienda uniformemente.

Hornee durante 15-20 minutos o hasta que estén doradas por encima.

Deje enfriar antes de cortar en barras y servir.

Estas son solo algunas ideas para comenzar. Experimente con diferentes combinaciones de alimentos para encontrar lo que más le gusta y lo que mejor funciona para su cuerpo.

Ensalada de quinoa y pollo.

Ingredientes:

- 1 taza de quinoa cocida.

- 1 pechuga de pollo cocida y cortada en cubos.
- 1 taza de tomate cherry cortado por la mitad.
- 1 taza de pepino cortado en cubos.
- 1 taza de maíz dulce.
- 1 aguacate cortado en cubos.
- 1/4 taza de cilantro picado.
- 1/4 taza de jugo de limón.
- 2 cucharadas de aceite de oliva.
- Sal y pimienta al gusto.

Preparación:

Cocina la quinoa siguiendo las instrucciones del paquete y déjala enfriar.

En un tazón grande, mezcla la quinoa, el pollo, el tomate cherry, el pepino, el maíz dulce, el aguacate y el cilantro.

En otro tazón pequeño, mezcla el jugo de limón, el aceite de oliva, la sal y la pimienta para hacer el aderezo.

Agrega el aderezo a la ensalada y mezcla todo bien. Sirve frío.

Una receta fácil y deliciosa de un batido de proteínas y frutas:

Ingredientes:

- 1 taza de leche de almendras sin endulzar.
- 1 cucharada de proteína en polvo de vainilla.
- 1/2 plátano maduro.
- 1/2 taza de bayas mixtas (fresas, frambuesas, arándanos).
- 1 cucharadita de miel (opcional).

Instrucciones:

Agrega todos los ingredientes en una licuadora.

Mezcla a alta velocidad durante unos 30 segundos o hasta que los ingredientes estén completamente mezclados y la textura sea suave.

Si lo deseas, agrega hielo para obtener una textura más fría.

Sirve inmediatamente.

Este batido es una excelente fuente de proteínas, carbohidratos y antioxidantes. Es perfecto para ayudar a reparar los músculos después de un entrenamiento intenso, y su sabor dulce y afrutado lo convierte en una opción deliciosa y saludable para cualquier momento del día.

Batido de proteínas y frutas.

Ingredientes:

- 1 taza de leche de almendras sin endulzar.
- 1 cucharada de proteína en polvo de chocolate.
- 1/2 plátano maduro.
- 1 cucharada de mantequilla de cacahuete.
- 1/2 taza de fresas congeladas.
- 1 cucharadita de miel (opcional).

Instrucciones:

Agrega todos los ingredientes en una licuadora.

Mezcla a alta velocidad durante unos 30 segundos o hasta que los ingredientes estén completamente mezclados y la textura sea suave.

Si lo deseas, agrega hielo para obtener una textura más fría. Sirve inmediatamente.

Este batido es una excelente fuente de proteínas, grasas saludables, carbohidratos y antioxidantes. Es perfecto para ayudar a recuperarse después de un entrenamiento intenso o como una opción saludable para un postre indulgente. La mantequilla de cacahuete añade un sabor adicional y un poco de cremosidad a la bebida.

Wrap de pollo y aguacate con aderezo de yogur

Ingredientes:

- 2 tortillas de trigo integral.

- 1 pechuga de pollo cocida y desmenuzada.

- 1 aguacate maduro, cortado en rodajas.

- 1 taza de espinacas frescas.

- 1/4 taza de cebolla roja picada.

- 1/4 taza de cilantro fresco picado.

- 1/2 taza de yogur griego sin sabor.

- 1 cucharada de jugo de limón.

- 1/2 cucharadita de comino molido.

- Sal y pimienta negra al gusto.

Instrucciones:

En un tazón pequeño, mezcla el yogur, el jugo de limón, el comino, la sal y la pimienta hasta que estén bien combinados. Reserva.

Coloca las tortillas en un plato y extiende la mezcla de yogur sobre ellas.

Divide el pollo, el aguacate, las espinacas, la cebolla y el cilantro en partes iguales entre las tortillas.

Envuelve los wraps doblando los bordes hacia el centro y luego enrollándose desde la parte inferior. Sirve inmediatamente.

Wrap de pollo y aguacate con aderezo de mostaza y miel

Ingredientes:

- 2 tortillas de harina integral.
- 1 pechuga de pollo cocida y desmenuzada.
- 1 aguacate maduro, cortado en rodajas.
- 1 taza de espinacas frescas.
- 1/4 taza de cebolla roja picada.
- 1/4 taza de queso feta desmenuzado.
- 2 cucharadas de mostaza Dijon.
- 1 cucharada de miel.
- Sal y pimienta negra al gusto.

Instrucciones:

En un tazón pequeño, mezcla la mostaza, la miel, la sal y la pimienta hasta que estén bien combinados. Reserva.

Coloca las tortillas en un plato y extiende la mezcla de mostaza y miel sobre ellas.

Divide el pollo, el aguacate, las espinacas, la cebolla y el queso feta en partes iguales entre las tortillas.

Envuelve los wraps doblando los bordes hacia el centro y luego enrollándolos desde la parte inferior. Sirve inmediatamente.

Pollo al horno con verduras mediterráneas

Ingredientes:

- 4 muslos de pollo con piel.

- 1 calabacín.

- 1 berenjena.

- 1 pimiento rojo.

- 1 pimiento verde.

- 1 cebolla roja.

- 3 dientes de ajo.

- 1 cucharadita de orégano seco.

- 1 cucharadita de tomillo seco.

- Aceite de oliva.

- Sal y pimienta.

Instrucciones:

Precalentar el horno a 200°C.

Cortar todas las verduras en trozos grandes y colocarlas en una bandeja para hornear.

Agregar los dientes de ajo picados y las hierbas secas.

Añadir aceite de oliva, sal y pimienta y mezclar bien las verduras.

Colocar los muslos de pollo sobre las verduras en la bandeja para hornear.

Salpimentar los muslos de pollo y rociarlos con un poco de aceite de oliva.

Hornear durante 40-45 minutos o hasta que el pollo esté dorado y las verduras estén tiernas. Servir caliente.

Pollo al horno con patatas y zanahorias

Ingredientes:

- 4 pechugas de pollo sin piel.
- 4 patatas medianas.
- 4 zanahorias grandes.
- 1 cebolla.
- 4 dientes de ajo.
- Aceite de oliva.
- Sal y pimienta.

- Jugo de limón.

Instrucciones:

Precalentar el horno a 200°C.

Pelar las patatas y las zanahorias y cortarlas en trozos grandes.

Cortar la cebolla en cuartos y el ajo en láminas.

Colocar las patatas, las zanahorias, la cebolla y el ajo en una bandeja para hornear.

Añadir aceite de oliva, sal y pimienta y mezclar bien las verduras.

Colocar las pechugas de pollo sobre las verduras en la bandeja para hornear.

Salpimentar las pechugas de pollo y rociarlas con un poco de jugo de limón.

Hornear durante 30-35 minutos o hasta que el pollo esté cocido y las verduras estén tiernas.

Servir caliente.

Tortilla de espinacas y queso feta

Ingredientes:

- 4 huevos.
- 1/2 taza de espinacas frescas, picadas.
- 1/4 taza de queso feta desmenuzado.
- 1/4 taza de cebolla picada.
- 1/4 taza de pimiento rojo picado.
- Sal y pimienta al gusto.
- Aceite de oliva.

Instrucciones:

Precalentar el horno a 180°C.

Batir los huevos en un tazón grande. Agregar las espinacas, el queso feta, la cebolla y el pimiento. Mezclar bien.

Calentar el aceite de oliva en una sartén apta para horno a fuego medio.

Verter la mezcla de huevo en la sartén. Cocinar durante unos minutos hasta que los bordes estén dorados.

Transferir la sartén al horno y cocinar durante 10-12 minutos hasta que la tortilla esté cocida.

Dejar enfriar durante unos minutos, cortar en trozos y servir.

Tortilla de calabacín y queso cheddar

Ingredientes:

- 4 huevos.
- 1 calabacín mediano, rallado.
- 1/2 taza de queso cheddar rallado.
- 1/4 taza de cebolla picada.
- Sal y pimienta al gusto.
- Aceite de oliva.

Instrucciones:

Precalentar el horno a 180°C.

Batir los huevos en un tazón grande. Agregar el calabacín, el queso cheddar y la cebolla. Mezclar bien.

Calentar el aceite de oliva en una sartén apta para horno a fuego medio.

Verter la mezcla de huevo en la sartén. Cocinar durante unos minutos hasta que los bordes estén dorados.

Transferir la sartén al horno y cocinar durante 10-12 minutos hasta que la tortilla esté cocida. Dejar enfriar durante unos minutos, cortar en trozos y servir.

Tortilla de champiñones y queso mozzarella

Ingredientes:

- 4 huevos.
- 1 taza de champiñones frescos, picados.
- 1/2 taza de queso mozzarella rallado.
- 1/4 taza de cebolla picada.
- Sal y pimienta al gusto.
- Aceite de oliva.

Instrucciones:

Precalentar el horno a 180°C.

Batir los huevos en un tazón grande. Agregar los champiñones, el queso mozzarella y la cebolla. Mezclar bien.

Calentar el aceite de oliva en una sartén apta para horno a fuego medio.

Verter la mezcla de huevo en la sartén. Cocinar durante unos minutos hasta que los bordes estén dorados.

Transferir la sartén al horno y cocinar durante 10-12 minutos hasta que la tortilla esté cocida.

Dejar enfriar durante unos minutos, cortar en trozos y servir.

Burrito de frijoles y arroz integral con aguacate y pico de gallo

Ingredientes:

- 1 taza de frijoles cocidos.

- 1 taza de arroz integral cocido.
- 1 aguacate maduro, en rodajas.
- 1/2 cebolla roja, picada.
- 1 tomate grande, picado.
- 1/2 jalapeño, picado (opcional).
- 1/4 taza de cilantro picado.
- 2 cucharadas de jugo de limón.
- Sal y pimienta negra molida.
- 4 tortillas de trigo integral.

Instrucciones:

Precalienta el horno a 180°C.

En un tazón, mezcla los frijoles cocidos y el arroz integral cocido. Añade sal y pimienta al gusto.

Coloca las tortillas en una bandeja para hornear y añade la mezcla de frijoles y arroz en el centro de cada tortilla.

Añade rodajas de aguacate encima de la mezcla de frijoles y arroz.

En otro tazón, mezcla la cebolla, el tomate, el jalapeño, el cilantro, el jugo de limón, la sal y la pimienta.

Añade una cucharada de la mezcla de pico de gallo encima de cada burrito.

Envuelve los burritos y hornea durante 10-12 minutos, o hasta que estén calientes y crujientes.

Burrito de frijoles y arroz integral con verduras salteadas

Ingredientes:

- 1 taza de frijoles cocidos.
- 1 taza de arroz integral cocido.
- 1 pimiento rojo, cortado en tiras.
- 1 pimiento verde, cortado en tiras.

- 1 cebolla, cortada en tiras.
- 2 dientes de ajo picados.
- Aceite de oliva.
- Sal y pimienta negra molida.
- 4 tortillas de trigo integral.

Instrucciones:

Precalienta el horno a 180°C.

En un tazón, mezcla los frijoles cocidos y el arroz integral cocido. Añade sal y pimienta al gusto.

Coloca las tortillas en una bandeja para hornear y añade la mezcla de frijoles y arroz en el centro de cada tortilla.

En una sartén grande, añade un poco de aceite de oliva y calienta a fuego medio-alto.

Añade las tiras de pimiento rojo, verde y cebolla, y cocina hasta que estén tiernas, unos 5-7 minutos.

Añade los dientes de ajo picados y cocina por 1 minuto más.

Añade una porción de verduras salteadas encima de la mezcla de frijoles y arroz en cada tortilla.

Envuelve los burritos y hornea durante 10-12 minutos, o hasta que estén calientes y crujientes.

I.   Recetas para antes, durante y después del entrenamiento y la competición.

Antes del entrenamiento: Batido de proteína y frutas: Mezcla una taza de leche o leche de almendras, una porción de proteína en polvo de vainilla, una banana y un puñado de bayas. Licúa todo y sirve.

Tostada de aguacate y huevo: Tuesta una rebanada de pan integral, agrega medio aguacate aplastado y un huevo cocido. Sazona con sal y pimienta al gusto.

Avena con proteína y frutas: Cocina media taza de avena con una taza de agua o leche de almendras, y agrega una porción de proteína en polvo de vainilla. Sirve con rodajas de plátano y un puñado de nueces.

Durante el entrenamiento: Durante el entrenamiento o competición, lo más importante es mantener el cuerpo bien hidratado. Por lo tanto, es recomendable beber agua y/o bebidas isotónicas para reponer los líquidos y electrolitos perdidos a través del sudor.

En cuanto a alimentos, lo recomendable es consumir alimentos fácilmente digeribles y ricos en carbohidratos, como frutas frescas (bananas, uvas, fresas, entre otras), barras energéticas, geles energéticos y bebidas deportivas que contengan carbohidratos y electrolitos. Estos alimentos pueden proporcionar energía rápidamente para mantener la intensidad del ejercicio físico y prevenir la fatiga muscular.

Es importante recordar que cada deportista tiene necesidades nutricionales individuales y puede requerir diferentes tipos y cantidades de alimentos durante el ejercicio físico intenso.

Agua con electrolitos: Mezcla agua con una pizca de sal y una cucharada de miel para mantener tus niveles de electrolitos y energía durante el entrenamiento.

Batido de frutas y yogurt: Mezcla una taza de yogurt griego sin azúcar, una taza de frutas frescas o congeladas y una cucharada de miel para obtener una mezcla cremosa y deliciosa.

Barra de granola casera: Mezcla avena, semillas, nueces y frutas secas con miel y aceite de coco. Hornea a 350 grados durante 20 minutos, deja enfriar y corta en barras.

Después del entrenamiento:

Batido de proteína y leche de almendras: Mezcla una taza de leche de almendras, una porción de proteína en polvo de chocolate y una cucharada de mantequilla de almendras. Licúa todo y sirve.

Pollo y vegetales asados: Asa pollo con verduras como brócoli, zanahoria, pimientos y cebolla. Aliña con una pizca de aceite de oliva y sal y pimienta al gusto.

Ensalada de garbanzos y espinacas: Mezcla espinacas frescas con garbanzos, tomates cherry, pepino y aguacate. Aliña con una vinagreta de limón y aceite de oliva.

Aquí te dejamos algunas recetas para antes del entrenamiento y la competición:

Batido de plátano y avena: mezcla un plátano maduro, una taza de leche de almendras, media taza de avena y una cucharada de miel en una licuadora hasta que quede suave. Sirve frío.

Tostadas de aguacate y huevo: tuesta una rebanada de pan integral y coloca un huevo poché encima. Agrega una cucharada de puré de aguacate, sal y pimienta al gusto.

Yogurt con frutas y granola: mezcla una taza de yogurt griego natural con frutas frescas picadas, como fresas, arándanos y plátanos, y una cucharada de granola.

Panqueques de proteína de suero de leche: mezcla una taza de harina de avena, una cucharada de proteína de suero de leche en polvo, una cucharadita de polvo de hornear, dos claras de huevo, una taza de leche de almendras y una cucharada de miel en un tazón. Vierte la mezcla en una sartén antiadherente caliente y cocina por ambos lados hasta que estén dorados.

Batido de proteína de chocolate y plátano: mezcla una taza de leche de almendras, una cucharada de proteína de suero de leche en polvo sabor chocolate, un plátano maduro y una cucharada de mantequilla de maní en una licuadora hasta que quede suave. Sirve frío.

Aquí te dejo algunas opciones de recetas para después del entrenamiento y la competición:

Batido de proteínas con frutas.

- 1 plátano maduro
- 1 taza de fresas
- 1 taza de leche de almendras sin azúcar
- 1 scoop de proteína en polvo sabor vainilla
- Hielo al gusto
- Mezcla todos los ingredientes en una licuadora y sirve frío.

Receta: Ensalada de quinoa y pollo.

- 1 taza de quinoa cocida
- 1 pechuga de pollo a la plancha
- 1/2 taza de tomates cherry
- 1/2 taza de pepino picado
- 1/2 taza de cebolla morada picada
- 1/4 taza de aceitunas negras

- Jugo de limón al gusto
- Sal y pimienta al gusto
- Mezcla todos los ingredientes en un tazón y aliña con jugo de limón, sal y pimienta al gusto.

Receta: Sándwich de pavo y aguacate.

- 2 rebanadas de pan integral
- 2-3 rebanadas de pavo
- 1/2 aguacate en rodajas
- 1 hoja de lechuga
- 1 rodaja de tomate
- Mostaza al gusto
- Coloca todos los ingredientes en el pan y disfruta.

Recetas: Tortilla de espinacas y queso.
- 2 huevos
- 1 taza de espinacas picadas
- 1/4 taza de queso rallado
- Sal y pimienta al gusto
-

Bate los huevos en un tazón y agrega las espinacas y el queso. Salpimienta al gusto. Vierte la mezcla en una sartén caliente y cocina a fuego medio hasta que la tortilla esté dorada de ambos lados.

II. Recetas para deportistas vegetarianos y veganos.

Receta: Ensalada de quinoa y aguacate.

- 1 taza de quinoa cocida
- 1 aguacate maduro
- 1 tomate mediano picado
- 1/2 pepino picado
- 1/4 taza de cilantro fresco picado
- 1 cucharada de jugo de limón
- Sal y pimienta al gusto

Mezcla todos los ingredientes en un tazón grande y disfruta de una ensalada alta en proteínas y grasas saludables.

Receta: Batido de proteína de arroz y frutas.

- 1/2 taza de leche de almendras sin azúcar
- 1/2 taza de agua
- 1/2 taza de fresas congeladas
- 1/2 taza de piña congelada
- 1 cucharada de proteína de arroz en polvo

Mezcla todos los ingredientes en una licuadora hasta obtener una consistencia suave y cremosa. Este batido es perfecto para después de un entrenamiento ya que es rico en proteínas y antioxidantes.

Receta: Tacos de lentejas y aguacate.

- 1 taza de lentejas cocidas
- 1/2 cebolla picada
- 1 diente de ajo picado
- 1/2 pimiento rojo picado
- 1 cucharada de aceite de oliva
- 1/2 cucharadita de comino molido
- 1/2 cucharadita de chile en polvo
- Sal y pimienta al gusto
- Tortillas de maíz

- 1 aguacate maduro
-

En una sartén grande, saltea la cebolla, el ajo y el pimiento en aceite de oliva hasta que estén suaves. Agrega las lentejas cocidas y las especias, y revuelve hasta que estén bien mezcladas. Calienta las tortillas de maíz y rellena con la mezcla de lentejas y aguacate picado.

Receta: Sopa de garbanzos y espinacas.

- 1 cebolla picada
- 2 dientes de ajo picados
- 2 tazas de garbanzos cocidos
- 4 tazas de caldo de verduras
- 1 taza de espinacas frescas picadas
- 1 cucharada de aceite de oliva
- Sal y pimienta al gusto

En una olla grande, saltea la cebolla y el ajo en aceite de oliva hasta que estén suaves. Agrega los garbanzos y el caldo de verduras, y deja que hierva a fuego lento durante 10-15 minutos. Agrega las espinacas y cocina por unos minutos más hasta que se hayan marchitado. Agrega sal y pimienta al gusto y sirve caliente.

Estas recetas vegetarianas y veganas son deliciosas, saludables y perfectas para deportistas que buscan una nutrición adecuada para su entrenamiento y competición.

Recetas vegetarianas:

Ensalada de quinoa con aguacate y lentejas: Cocina la quinoa y mézclala con lentejas cocidas, aguacate, tomate, cebolla, cilantro y un aderezo de limón y aceite de oliva.

Fajitas de vegetales: Saltea pimientos, cebolla, calabacín y champiñones con un poco de aceite y especias. Sirve en una tortilla de trigo con aguacate y salsa.

Curry de garbanzos y espinacas: Sofríe cebolla y ajo, luego agrega garbanzos cocidos, espinacas frescas, leche de coco y una mezcla de especias curry. Sirve con arroz integral.

Recetas veganas:

Ensalada de garbanzos y aguacate: Mezcla garbanzos cocidos con aguacate, tomate, pepino, cilantro y un aderezo de limón y aceite de oliva. Sirve en una cama de lechuga.

Tacos veganos de coliflor: Asa la coliflor en especias y sirve en tortillas de maíz con lechuga, aguacate, salsa de tomate y cilantro.

Chili vegano: Sofríe cebolla y ajo, luego agrega frijoles, maíz, tomate y una mezcla de especias de chili. Sirve con arroz integral y aguacate.

Recetas para antes, durante y después del entrenamiento y la competición vegetarianos y veganos.

Recetas para antes del entrenamiento:

Smoothie verde: mezcla espinacas frescas, plátanos, leche de almendras, semillas de chía y una pizca de miel o sirope de arce.

Tostada de aguacate y huevo vegano: tritura un aguacate maduro con una pizca de sal y pimienta, y colócalo sobre una tostada de pan integral. Para hacer el huevo vegano, mezcla tofu sedoso con cúrcuma y sal para darle un color amarillo similar al huevo y luego cocínalo a la plancha.

Bol de avena con frutas y nueces: cocina avena en leche de almendras, y decora con plátanos, bayas, nueces y semillas de chía.

Recetas para durante del entrenamiento:

Batido de proteínas vegetales: mezcla proteína en polvo de arroz integral o de guisantes con agua y frutas como plátanos o fresas para un batido delicioso y fácil de digerir durante el entrenamiento.

Barritas energéticas caseras: mezcla dátiles, nueces, semillas de girasol y un poco de aceite de coco en un procesador de alimentos y luego forma la mezcla en barritas. Estas barritas son una gran fuente de energía y nutrientes durante el entrenamiento.

Batido de agua de coco y frutas: mezcla agua de coco con frutas como plátanos, mangos y bayas en una licuadora para obtener un batido fácil de digerir y rico en nutrientes durante el entrenamiento.

Recetas para después del entrenamiento:

Ensalada de garbanzos y aguacate: mezcla garbanzos cocidos con aguacate, tomate, cilantro y una vinagreta de limón para una ensalada fresca y rica en proteínas.

Batido de proteínas y frutas: mezcla proteína en polvo de guisantes con agua y frutas como plátanos, fresas y espinacas para un batido nutritivo y fácil de digerir después del entrenamiento.

Sándwich de hummus y verduras: coloca una capa generosa de hummus en pan integral y agrega verduras como lechuga, tomate, pepino y zanahoria para obtener un sándwich lleno de proteínas y fibra.

¡Claro! Aquí te comparto algunas opciones de recetas vegetarianas y veganas para consumir antes del entrenamiento o competición:

Batido de frutas y proteína vegana: mezcla en la licuadora 1 plátano, 1 taza de frutas congeladas (fresas, mango, piña, etc.), 1 taza de leche vegetal, 1 cucharada de proteína vegana en polvo y hielo al gusto.

Yogur vegano con granola y frutas: mezcla en un tazón 1 taza de yogur vegano, 1/2 taza de granola sin azúcar añadida y 1/2 taza de frutas frescas (fresas, arándanos, plátano, etc.).

Sándwich de aguacate y espinacas: en dos rebanadas de pan integral coloca aguacate en rodajas, espinacas frescas, tomate y una pizca de sal y pimienta.

Tostadas de hummus y verduras: en dos tostadas integrales, coloca una capa de hummus casero o comprado, rodajas de pepino, zanahoria rallada y espinacas frescas.

Burrito vegetariano: en una tortilla de trigo caliente coloca frijoles negros o rojos cocidos, arroz integral, aguacate en rodajas, tomate, cebolla y cilantro fresco.

Recuerda que antes de consumir cualquier alimento antes del entrenamiento o competición, es importante verificar que no te provoque malestar estomacal y que cumpla con tus requerimientos nutricionales.

Como se mencionó anteriormente, durante el entrenamiento o competición es recomendable consumir alimentos que proporcionen energía de forma rápida y fácilmente digerible. Las siguientes son algunas opciones vegetarianas y veganas para consumir durante el ejercicio:

Batido de proteína de guisante y plátano: mezcla una cucharada de proteína de guisante en polvo con agua o leche vegetal y agrega un plátano cortado en trozos.

Frutas deshidratadas y nueces: prepara una mezcla de frutas deshidratadas, como arándanos y pasas, junto con nueces como almendras o nueces de Brasil.

Barritas energéticas caseras: mezcla dátiles, nueces, semillas de chía, avena y cacao en polvo en un procesador de alimentos y forma en barritas.

Frutas frescas: manzanas, plátanos y uvas son opciones fáciles y prácticas para consumir durante el entrenamiento.

Recuerda que lo más importante es asegurarse de consumir suficientes carbohidratos y mantenerse hidratado durante el ejercicio.

Para antes del entrenamiento o competición, las siguientes son algunas opciones vegetarianas y veganas:

Batido de plátano y espinaca: mezcla un plátano maduro, espinacas frescas, leche vegetal y una cucharada de mantequilla de almendras.

Tostadas de aguacate: machaca un aguacate y esparce sobre tostadas integrales. Agrega un poco de sal y pimienta y tomates cortados en cubos.

Yogurt de soja con frutas: mezcla yogurt de soja con frutas frescas cortadas en cubos y una cucharada de semillas de chía.

Batido de avena y fresa: mezcla leche vegetal, fresas frescas, avena y una cucharada de miel en un procesador de alimentos.

Estas opciones proporcionan carbohidratos y proteínas para proporcionar energía antes del entrenamiento o competición. Asegúrate de consumir estas comidas al menos una hora antes de comenzar el ejercicio para permitir una digestión adecuada.

Aquí te comparto algunas opciones de recetas vegetarianas y veganas para después del entrenamiento o la competición:

Batido de proteína de guisantes y frutas: Mezcla una taza de leche de almendras, una cucharada de proteína de guisantes en polvo, una taza de frutas congeladas (como plátanos o bayas) y una cucharada de semillas de chía. Licúa todo hasta que quede suave y disfruta de un delicioso y nutritivo batido.

Ensalada de lentejas y vegetales: Mezcla una taza de lentejas cocidas con una taza de vegetales mixtos (como espinacas, tomates cherry y pepino) y una cucharada de aceite de oliva y vinagre balsámico. Añade un aguacate en cubitos para obtener grasas saludables y más nutrientes.

Tazón de arroz integral y vegetales asados: Cocina una taza de arroz integral y mezcla con vegetales asados (como zanahorias, calabacines y pimientos). Agrega una cucharada de semillas de girasol y una cucharada de salsa de soja para obtener más sabor.

Hummus con crudités: Mezcla una lata de garbanzos cocidos con una cucharada de tahini, una cucharada de aceite de oliva y una cucharada de jugo de limón. Sirve con verduras crudas como zanahorias, apio y pimientos para obtener más fibra y nutrientes.

Tostada de aguacate y tofu: Tuesta una rebanada de pan integral y extiende una capa generosa de aguacate en la parte superior. Agrega unas rodajas de tofu salteado y una pizca de sal y pimienta para obtener proteínas y grasas saludables.

Estas son solo algunas opciones, pero hay muchas otras recetas vegetarianas y veganas que pueden ser deliciosas y nutritivas después del entrenamiento o la competición. Lo importante es incluir suficientes proteínas, carbohidratos y grasas saludables para ayudar a recuperar y reparar los músculos.

XI. Apéndice: Tablas nutricionales y guías de referencia

En este apéndice, se proporcionarán algunas tablas nutricionales y guías de referencia útiles para los deportistas que buscan mejorar su nutrición deportiva.

Nutriente	Función	Fuentes alimentarias
Proteína	Construcción y reparación muscular	Carne, pescado, huevos, productos lácteos, legumbres, nueces y semillas
Carbohidratos	Fuente de energía	Pan, pasta, arroz, patatas, frutas, verduras y legumbres
Grasas	Fuente de energía y ayuda en la absorción de vitaminas	Aceite de oliva, nueces, semillas, aguacate y pescado

Fibra	Ayuda en la digestión y previene enfermedades del corazón	Frutas, verduras, legumbres, frutos secos y cereales integrales
Vitaminas y minerales	Regulan el metabolismo y la función celular	Frutas, verduras, productos lácteos, carnes, pescados y suplementos
Agua	Mantiene la hidratación y ayuda en la regulación de la temperatura corporal	Agua, bebidas deportivas, frutas y verduras

I.   Guía de referencia de macronutrientes

Los macronutrientes son nutrientes que nuestro cuerpo necesita en grandes cantidades y son esenciales para la función corporal óptima. Para los deportistas, se recomienda una ingesta diaria de macronutrientes adecuada para ayudar en el rendimiento y recuperación. La siguiente guía proporciona una recomendación general para la ingesta diaria de macronutrientes.

Nutriente	Porcentaje recomendado de ingesta diaria
Proteína	10-35%
Carbohidratos	45-65%
Grasas	20-35%

Guía de referencia de hidratación

La hidratación es esencial para el rendimiento deportivo y la recuperación. La siguiente tabla proporciona una guía general para la ingesta de líquidos antes, durante y después del ejercicio.

Momento	Cantidad de líquidos
Antes del ejercicio	500-600 ml
Durante el ejercicio	150-350 ml cada 15-20 minutos
Después del ejercicio	500-1000 ml por cada kg perdido de peso corporal durante el ejercicio

IV. Guía de referencia de suplementos

Los suplementos pueden ser útiles para mejorar la nutrición deportiva, pero no deben ser utilizados como sustitutos de una dieta saludable. La siguiente tabla proporciona una guía general para algunos suplementos comunes utilizados por los deportistas.

Suplemento	Función	Dosis recomendada
Proteína en polvo	Construcción y reparación muscular	20-30 g después del ejercicio
Creatina	Mejora la fuerza y el rendimiento	3-5 g al día
Cafeína	Mejora el rendimiento y la concentración	3-6 mg por kg de peso corporal antes del ejercicio
Beta-alanina	Retrasa la fatiga muscular	2-5 g al día

Tablas nutricionales con información sobre el contenido de nutrientes en alimentos comunes.

Aquí hay algunas tablas nutricionales con información sobre el contenido de nutrientes en alimentos comunes:

Tabla nutricional para frutas:

Alimento	Tamaño de porción	Calorías	Carbohidratos (g)	Proteína (g)	Grasa (g)	Fibra (g)
Manzana	1 mediana (182 g)	95	25	1	0	4
Plátano	1 mediano (118 g)	105	27	1	0	3
Naranja	1 mediana	62	15	1	0	3

	a (154 g)				
Uvas	1 taza (151 g)	104	27	1	0	1
Fresa	1 taza (150 g)	49	12	1	0	3

Tabla nutricional para verduras:

Alimento	Tamaño de porción	Calorías	Carbohidratos (g)	Proteína (g)	Grasa (g)	Fil a (

213

Brócoli	1 taza (91 g)	31	6	3	0	2
Zanahoria	1 mediana (61 g)	25	6	1	0	2
Espinaca	1 taza (30 g)	7	1	1	0	1
Tomate	1 mediano (123 g)	22	5	1	0	1

Tabla nutricional de frutas y verduras:

Alimento	Tamaño de porción	Calorías	Carbohidratos (g)	Proteína (g)	Grasa (g)	Fibra (g)	Vitamina C (mg)	Potasio (mg)
Manzana	1 mediana (182 g)	95	25	1	0	4	8	195
Plátano	1 mediano (118 g)	105	27	1	0	3	10	422

		Calorías	Carbohidratos	Proteínas	Grasas	Fibra		
Naranja	1 mediana (154 g)	62	15	1	0	3	70	237
Uvas	1 taza (151 g)	104	27	1	0	1	2	288
Fresa	1 taza (150 g)	49	12	1	0	3	89	149

Tabla nutricional de proteínas animales:

Alimento	Calorías	Carbohidratos (g)	Proteínas (g)	Grasas (g)	Fibra (g)	Calcio (mg)

Pollo	165	0	31	3.6	0	11
Pescado (salmón)	206	0	22	12	0	13
Huevos	78	0.6	6	5.3	0	28
Carne magra de res	143	0	26	4.3	0	9

Tabla nutricional de proteínas:

Alimento	Tamaño de la porción	Calorías	Carbohidratos (g)	Fibra (g)	
Pechuga de pollo	3 oz	140	0	0	2
Pescado (salmón)	3 oz	155	0	0	2
Tofu	1/2 taza	94	2	1	1
Frijoles negros	1/2 taza	114	20	8	8

Garbanzos	1/2 taza	134	25	5
Lentejas	1/2 taza	115	20	8

Guías de referencia para la planificación de comidas y meriendas para deportistas.

Aquí te presento algunas guías de referencia para la planificación de comidas y meriendas para deportistas:

Guía de Alimentación Saludable para Deportistas del Comité Olímpico Internacional: Esta guía proporciona recomendaciones generales para la nutrición de los deportistas, que incluyen información sobre hidratación, carbohidratos, proteínas, grasas, vitaminas y minerales. También incluye consejos sobre cómo planificar las comidas y meriendas antes, durante y después del entrenamiento y la competición.

Guía de Nutrición para el Deporte del Instituto Australiano del Deporte: Esta guía está dirigida a atletas y entrenadores y proporciona información detallada sobre la nutrición para el deporte, incluyendo la importancia de los carbohidratos, proteínas, grasas, vitaminas y minerales. También proporciona recomendaciones específicas sobre la hidratación y la planificación de las comidas y meriendas antes, durante y después del entrenamiento y la competición.

Guía de Nutrición para Atletas del Consejo Americano del Ejercicio: Esta guía proporciona información sobre los nutrientes necesarios para los atletas, incluyendo recomendaciones para la ingesta de proteínas, carbohidratos, grasas, vitaminas y minerales. También proporciona información sobre la hidratación y cómo planificar las comidas y meriendas para maximizar el rendimiento.

Guía de Nutrición para Deportistas Vegetarianos y Veganos de la Academia de Nutrición y Dietética: Esta guía está dirigida a deportistas que siguen una dieta vegetariana o vegana y proporciona información sobre cómo obtener todos los nutrientes necesarios para un rendimiento óptimo. Incluye recomendaciones para la ingesta de proteínas, hierro, calcio, zinc, vitaminas B12 y D, y ácidos grasos omega-3.

Guía de Nutrición para Deportistas Jóvenes del Instituto Nacional de Salud de EE. UU.: Esta guía proporciona información para padres, entrenadores y deportistas jóvenes sobre cómo obtener una nutrición adecuada para el deporte. Incluye recomendaciones sobre la cantidad y el tipo de alimentos necesarios para mantener una energía y un rendimiento óptimos. También incluye consejos sobre cómo planificar las comidas y meriendas para satisfacer las necesidades nutricionales de los deportistas jóvenes.

La Guía de Nutrición para el Deporte del Instituto Australiano del Deporte es otra referencia valiosa para deportistas. Ofrece información detallada sobre cómo los nutrientes pueden afectar el rendimiento deportivo, así como recomendaciones específicas para diferentes deportes y etapas de entrenamiento y competición.

La guía se centra en la importancia de una dieta equilibrada que proporcione la cantidad adecuada de nutrientes necesarios para apoyar la actividad física. También enfatiza la importancia de la hidratación adecuada antes, durante y después del ejercicio.

La guía proporciona información específica sobre la cantidad recomendada de proteínas, carbohidratos y grasas para diferentes deportes, así como recomendaciones para suplementos nutricionales. También ofrece consejos sobre cómo planificar comidas y meriendas para maximizar el rendimiento deportivo.

En general, la guía es una excelente herramienta para deportistas de todos los niveles que buscan mejorar su rendimiento y optimizar su nutrición.

La Guía de Nutrición para Atletas del Consejo Americano del Ejercicio (ACE) es una herramienta útil para los deportistas que buscan mejorar su rendimiento a través de una alimentación adecuada. Esta guía se basa en la investigación científica actual y proporciona información detallada sobre los nutrientes necesarios para un rendimiento óptimo, así como recomendaciones específicas para cada etapa de entrenamiento y competición.

La Academia de Nutrición y Dietética ha publicado una guía específica para deportistas vegetarianos y veganos. Aunque es posible seguir una dieta basada en plantas y al mismo tiempo ser un atleta de alto rendimiento, es importante tener en cuenta algunos aspectos nutricionales clave para garantizar una buena salud y un óptimo rendimiento deportivo.

La guía ofrece recomendaciones para asegurar un adecuado aporte de proteínas, hierro, calcio, zinc, omega-3, vitamina B12 y vitamina D, nutrientes que pueden estar en mayor riesgo de deficiencia en una dieta vegetariana o vegana.

Algunas recomendaciones incluyen:

Asegurar una ingesta adecuada de proteínas a través de fuentes como legumbres, tofu, tempeh, nueces y semillas.

Consumir alimentos ricos en hierro como legumbres, espinacas, cereales integrales, frutas secas y tofu fortificado.

Incluir fuentes de calcio como leches vegetales fortificadas, tofu, tempeh, verduras de hoja verde y frutos secos.

Consumir alimentos ricos en zinc como legumbres, frutos secos, semillas y cereales integrales.

Obtener suficiente omega-3 a través de fuentes como semillas de chía, semillas de lino, nueces, algas y suplementos de aceite de algas.

Asegurarse de obtener suficiente vitamina B12 a través de alimentos fortificados o suplementos.

Obtener suficiente vitamina D a través de la exposición al sol o suplementos.

Además, la guía proporciona ejemplos de planes de comidas y meriendas para deportistas vegetarianos y veganos, así como recomendaciones sobre cómo abordar la hidratación y la recuperación después del ejercicio.

La guía de nutrición para deportistas jóvenes del Instituto Nacional de Salud de EE. UU. es una herramienta valiosa para los jóvenes atletas y sus padres, ya que proporciona información sobre cómo planificar comidas y meriendas saludables para apoyar el rendimiento deportivo y la salud en general.

XII. Conclusiones

En conclusión, la alimentación es fundamental para el rendimiento deportivo y la salud en general. Los deportistas deben seguir una dieta equilibrada que incluya una variedad de alimentos saludables que proporcionen los nutrientes necesarios para mantener la energía, reparar el tejido muscular y prevenir lesiones. Los macronutrientes, incluyendo proteínas, carbohidratos y grasas, deben ser consumidos en cantidades adecuadas, mientras que los micronutrientes como las vitaminas y los minerales también son importantes para mantener una buena salud.

Es importante recordar que no existe una dieta universal para todos los deportistas, ya que las necesidades nutricionales varían según el deporte, la edad, el género y otros factores individuales. Es recomendable buscar la asesoría de un nutricionista deportivo para obtener recomendaciones personalizadas.

Además, existen diversas guías y tablas nutricionales que pueden servir como referencia para los deportistas que deseen planificar sus comidas y meriendas de manera efectiva. Al seguir estas guías y recomendaciones, los deportistas pueden optimizar su rendimiento y mejorar su salud en general.

La alimentación es uno de los pilares fundamentales para el rendimiento deportivo y la salud en general. Los deportistas requieren una alimentación adecuada para lograr un óptimo rendimiento, ya que esto les permite mantener su energía, aumentar su masa muscular y mejorar su recuperación después del ejercicio físico. Además, la nutrición adecuada es esencial para prevenir lesiones y enfermedades relacionadas con el ejercicio.

Es importante tener en cuenta que la alimentación debe ser personalizada y adaptada a las necesidades individuales de cada deportista. Esto significa que la dieta debe ser diseñada teniendo en cuenta el tipo de deporte, el nivel de actividad física, el peso, la altura, la edad y otros factores importantes para la salud.

Es recomendable que los deportistas consulten con un nutricionista deportivo para obtener un plan de alimentación personalizado que les ayude a alcanzar sus objetivos de rendimiento deportivo y salud. Los nutricionistas deportivos pueden proporcionar orientación sobre qué alimentos y nutrientes son importantes, así como ayudar a diseñar planes de comidas y meriendas para antes, durante y después del ejercicio.

Combinar carbohidratos, proteínas y grasas saludables en cada comida y merienda.

En conclusión, la combinación adecuada de carbohidratos, proteínas y grasas saludables en cada comida y merienda es esencial para mantener un equilibrio nutricional y un rendimiento deportivo óptimo. Los carbohidratos proporcionan energía necesaria para la actividad física, las proteínas son importantes para la reparación y construcción de tejidos musculares y las grasas saludables son necesarias para el funcionamiento adecuado del cerebro y el sistema nervioso.

Es importante elegir opciones de alimentos enteros y saludables en cada grupo de macronutrientes y evitar alimentos procesados y ricos en azúcares agregados y grasas saturadas. Además, es importante ajustar la cantidad de carbohidratos, proteínas y grasas según las necesidades individuales de cada deportista y el tipo y duración de la actividad física que realizan.

En general, al planificar las comidas y meriendas de un deportista, es esencial tener en cuenta la combinación adecuada de nutrientes y elegir opciones saludables y nutritivas. Al hacerlo, se puede mejorar significativamente el rendimiento deportivo, la recuperación y la salud en general.

La combinación adecuada de carbohidratos, proteínas y grasas saludables en cada comida y merienda es esencial para una alimentación equilibrada y efectiva para los deportistas. Los carbohidratos proporcionan energía rápida para el ejercicio y la actividad física, mientras que las proteínas son necesarias para la reparación y el crecimiento muscular. Las grasas saludables también son importantes para mantener una buena salud y apoyar la función del cuerpo.

Además, la elección de fuentes de carbohidratos, proteínas y grasas saludables es igualmente importante. Los carbohidratos complejos, como los cereales integrales, las verduras y las frutas, proporcionan energía duradera y nutrientes esenciales. Las proteínas magras, como el pollo, el pescado y los productos lácteos bajos en grasa, son ideales para la recuperación y el crecimiento muscular. Las grasas saludables, como las nueces, las semillas y los aceites vegetales, son importantes para la salud cardiovascular y el bienestar general.

Al combinar estos nutrientes de manera adecuada y elegir fuentes saludables, los deportistas pueden maximizar su rendimiento deportivo y mantener una buena salud en general. Además, es importante considerar la cantidad y el momento de la ingesta de nutrientes, especialmente en relación con el entrenamiento y la competición. Trabajar con un profesional de la nutrición puede ser beneficioso para crear un plan de alimentación personalizado y adaptado a las necesidades individuales de cada deportista.

Planificar y preparar las comidas con anticipación es una excelente estrategia para asegurarse de tener opciones saludables y convenientes disponibles en todo momento. Esto es especialmente importante para los deportistas que tienen horarios ocupados y a menudo se encuentran fuera de casa.

Una buena idea es dedicar un día a la semana para planificar y preparar las comidas y meriendas para la semana. Esto puede incluir cocinar una gran cantidad de proteínas como pollo o tofu, cortar y lavar verduras, y cocinar arroz integral o quinoa para tener listo para usar.

Además, tener opciones saludables y convenientes en la despensa, como nueces, semillas, barras de proteínas y frutas frescas, puede ayudar a evitar tentaciones poco saludables y a mantener una alimentación adecuada para el rendimiento deportivo.

Recapitulación de los beneficios de una buena alimentación para el rendimiento deportivo y la salud en general.

Recapitulación de los beneficios de una buena alimentación para el rendimiento deportivo y la salud en general:

Energía adecuada: Una alimentación adecuada proporciona al cuerpo la energía necesaria para el rendimiento deportivo y la actividad física diaria.

Recuperación muscular: Consumir suficientes proteínas y carbohidratos después del ejercicio puede ayudar a reparar y reconstruir los músculos.

Reducción de lesiones: Una alimentación adecuada que incluya una variedad de nutrientes puede ayudar a reducir el riesgo de lesiones.

Mejora del sistema inmunológico: Una alimentación saludable y equilibrada también puede mejorar la función del sistema inmunológico, lo que reduce el riesgo de enfermedades.

Control del peso: Una alimentación adecuada ayuda a controlar el peso corporal y mantener un índice de masa corporal saludable.

Mejora del estado de ánimo y la concentración: Consumir una dieta saludable y equilibrada puede mejorar el estado de ánimo y la concentración, lo que es importante para el rendimiento deportivo y la vida diaria.

En general, la alimentación es clave para el rendimiento deportivo y la salud en general. Una dieta equilibrada que incluya una variedad de nutrientes puede proporcionar al cuerpo la energía y los nutrientes necesarios para el ejercicio y la actividad física, así como mejorar la salud en general. Planificar y preparar las comidas con anticipación puede asegurar que se tengan opciones saludables y convenientes disponibles en todo momento.

Una buena alimentación es fundamental para el rendimiento deportivo y la salud en general. Al consumir una dieta equilibrada, se puede mejorar la capacidad del cuerpo para recuperarse después del ejercicio, mantener un peso saludable, prevenir lesiones y reducir el riesgo de enfermedades crónicas.

Los carbohidratos son una fuente importante de energía para el cuerpo y deben ser consumidos en cantidades adecuadas para apoyar el rendimiento deportivo. Las proteínas son esenciales para la recuperación muscular y la reparación del tejido dañado. Las grasas saludables también son importantes para el cuerpo, ya que proporcionan energía, ayudan en la absorción de vitaminas y minerales, y son necesarias para el funcionamiento adecuado del cerebro y otros órganos.

La planificación y preparación de las comidas con anticipación puede ayudar a garantizar que los deportistas tengan opciones saludables y convenientes disponibles en todo momento. También es importante seguir las recomendaciones de las guías de nutrición y tablas nutricionales para asegurarse de que se están consumiendo suficientes nutrientes y mantener un equilibrio adecuado de macronutrientes.

Resumen de los consejos prácticos y las recomendaciones nutricionales para deportistas.

A continuación se presentan algunos consejos prácticos y recomendaciones nutricionales para deportistas:

Consumir una dieta variada y equilibrada que incluya una amplia variedad de alimentos ricos en nutrientes como frutas, verduras, proteínas magras, carbohidratos complejos y grasas saludables.

Consumir suficientes carbohidratos para mantener los niveles de energía durante el ejercicio, especialmente antes y durante el entrenamiento y la competición.

Consumir suficiente proteína para reparar y construir músculo, especialmente después del entrenamiento y la competición.

Consumir suficientes grasas saludables para apoyar la función celular y la salud cardiovascular.

Hidratarse adecuadamente antes, durante y después del ejercicio.

Planificar y preparar comidas y meriendas con anticipación para asegurarse de tener opciones saludables y convenientes disponibles en todo momento.

Utilizar suplementos nutricionales solo según sea necesario y bajo la supervisión de un profesional de la salud.

Asegurarse de obtener suficientes nutrientes esenciales como hierro, calcio, vitamina D y vitaminas B para apoyar la salud ósea, la función cognitiva y otros aspectos de la salud.

Considerar las necesidades nutricionales específicas de acuerdo con la edad, el género, el tipo de deporte y los objetivos de entrenamiento.

Siguiendo estas recomendaciones nutricionales, los deportistas pueden mejorar su rendimiento deportivo, recuperarse más rápidamente después del ejercicio y mantener una buena salud general.

XIII. Nota de descargo de responsabilidad

Aclaración sobre la información proporcionada en el documento, recordando que siempre es importante consultar con un profesional de la salud antes de realizar cambios significativos en la dieta o el estilo de vida.

© 2023, antonio alvarez rodriguez
Impresión y editorial: BoD – Books on Demand
info@bod.com.es - www.bod.com.es
Impreso en Alemania – Printed in Germany
ISBN: 9788411740999